Dr. Barbara Bräuer

TEXTILFÄRBEN

für jedermann

Mit 100 Bildern und 30 Tabellen

VEB FACHBUCHVERLAG LEIPZIG

Bräuer, Barbara:
Textilfärben für jedermann/Barbara Bräuer. – 1. Aufl. –
Leipzig: Fachbuchverl., 1989.

ISBN 3-343-00515-0

1. Auflage
Lizenznummer: 114-210/59/89
LSV 3919
Verlagslektor: Hannelore Schiepek
Einband und Typografie: Matthias Hunger, Leipzig
Printed in GDR
Satz und Druck: Offizin Andersen Nexö, Graphischer Großbetrieb, Leipzig III/18/38
Redaktionsschluß: 15. Februar 1989
Bestellnummer: 547 536 8
02200

Vorwort

»Ich färbe« – zuerst eine Feststellung für mich, dann die Anregung, Ergebnisse und Erfahrungen zusammenzustellen oder mitzuteilen. Das Färben von Garnen und Textilflächen gehört zu den ältesten Lebensäußerungen des Menschen. Davon ausgehend wurde die Frage zum Schwerpunkt, mit welchen Mitteln und nach welchen Methoden kann man heute individuell im Haushalt färben? Inwiefern ist es möglich, Traditionen der Hausfärberei beizubehalten oder wieder aufzunehmen? Welche Farbstoffe stehen uns zur Verfügung und lassen sich heutige, synthetische Faserstoffarten mit den traditionellen pflanzlichen Farbstoffen färben? Welche Bedeutung haben die aus der Völkerkunde bekannten Musterfärbeverfahren für uns? – waren sich anschließende Fragen. Um sie zu beantworten, bin ich zuerst den Traditionen nachgegangen, habe versucht, diese im Überblick ohne Anspruch auf Vollständigkeit den einzelnen Erdteilen und Zeiten zuzuordnen. Um dem individuellen Färber einen erfolgreichen Färbeprozeß zu ermöglichen, werden die Farbstoffe und die zu färbenden Faserstoffarten in ihren wichtigsten Eigenschaften charakterisiert. Der Färbeprozeß, die Vorbereitung der Farbstoffe und des Färbegutes, das Färben und Nachbehandeln werden unter Berücksichtigung der für den individuellen Färber im Haushalt zutreffenden Bedingungen dargestellt.

Einen weiteren Schwerpunkt des Buches stellen die Ausführungen zum Färben mit Pflanzenfarbstoffen dar. Dabei finden die Möglichkeiten, die in Mittel- und Osteuropa wachsenden Pflanzen zum Färben zu nutzen, besondere Berücksichtigung. Neben den traditionell mit Pflanzenfarbstoffen gefärbten Faserarten, wie Schafwolle, Seide und Baumwolle, wird nahezu durchgängig eine aus synthetischen Fasern und Fäden hergestellte Faserstoffart in die Färbeproben einbezogen. Durch die in diesem Abschnitt enthaltenen Beschreibungen ausgewählter Färbepflanzen wird der Leser in die Lage versetzt, die angeführten Pflanzenarten aus der Vielfalt des Florenbestandes unserer Umwelt herauszufinden. In diesem Abschnitt setzt sich die Erkenntnis durch, daß die Arbeit mit Pflanzenfarbstoffen eine sehr individuelle Ergänzung zum Färben mit synthetischen Farbstoffen sein kann. Zur Handhabung der synthetischen Farbstoffe werden dem Leser gezielt ausgewählte Hinweise (z. B. zur Mischung und Dosierung oder zum Färben in der Waschmaschine) gegeben. Um den Leser in die Lage zu versetzen, Garne oder Textilflächen nicht nur einfarbig, sondern auch mehrfarbig mit Mustern färben zu können, werden in einem letzten Schwerpunkt die Musterfärbeverfahren aufgegriffen und an einer Reihe von Beispielen dargestellt.

Damit soll das Buch eine Aufforderung zum »Praktizieren« an den interessierten Leser sein. Man kann es sowohl als kleines Nachschlagewerk als auch als Arbeitsbuch benutzen. Es wird aber auch für denjenigen, der nicht selbst färben will, lesenswert und anregend sein.

In diesem Sinne hoffe ich, daß das Buch viele Leser finden wird.

An dieser Stelle möchte ich mich bei allen bedanken, die zum Entstehen des Buches in der verschiedensten Weise beigetragen haben. Mein besonderer Dank gilt den Gutachtern Herrn Prof. Dr. Saalborn von der Hochschule für Industrielle Formgestaltung Halle, Frau Christine Müller, wissenschaftliche Mitarbeiterin am Museum für Völkerkunde Leipzig, Herrn Dr. Harry Schmidt, Kustos im Bereich Botanik und Arboretum des Museums für Naturkunde der Humboldt-Universität zu Berlin, Herrn Dipl.-Chem. Wolfgang Schmidt, Ingenieurschule für Textiltechnik Forst, und der Handwebmeisterin Frau Gertraud Kurme, VBK-DDR, die mir mit ihren sachkundigen Hinweisen sehr geholfen haben. Ich möchte mich auch bei der Fotografin, Frau Anneliese Bonitz, und der Lektorin, Frau Hannelore Schiepek, bedanken.

Dezember 1987 Barbara Bräuer

Inhaltsverzeichnis

1. Begriff

Färben ist ein Vorgang, bei dem in Farb- oder Färbebädern gelöste Farbstoffe dem Färbegut eine Farbe erteilen.

Dazu werden zuerst die Farbstoffe in der Flüssigkeit gelöst, dann das Färbegut dazugegeben und bei Erreichen der gewünschten Farbe aus dem Bad genommen. In Abhängigkeit von den Eigenschaften des Färbegutes kann durch Bewegen des Färbegutes im Farbbad ein gleichmäßiges Aufziehen und eine möglichst vollständige Ausnutzung des Farbstoffes unterstützt werden.

Die Bilder 1, 2 und 3 verdeutlichen den Färbevorgang am Beispiel einer Wollfärbung im Topf. Die Farbstoffe können aus der Natur gewonnen oder in der chemischen Industrie hergestellt werden.

Die natürlichen Farbstoffe sind die ältesten Farbstoffe. Sie umfassen Farbstoffe pflanzlichen und tierischen Ursprungs sowie die Erd- oder Mineralfarbstoffe. Bis ins 19. Jahrhundert färbte man ausschließlich mit Naturfarbstoffen. Nachdem sich die Erd- oder Mineralfarbstoffe nur für bestimmte Zwecke als geeignet erwiesen hatten, bildete das Färben mit pflanzlichen und tierischen Farbstoffen den Schwerpunkt. Mit der Entwicklung der Chemie und der chemischen Industrie im 19. Jahrhundert entstanden die entscheidenden Voraussetzungen zur industriellen Produktion und Verwendung von Farbstoffen. Meilensteine in der Gewinnung der ursprünglich aus dem Steinkohlenteer extrahierten und deshalb als Teerfarbstoffe bezeichneten synthetischen Farbstoffe waren beispielsweise die synthetische Herstellung des Indigo durch den Deutschen *Adolf von Baeyer* im Jahr 1880, die synthetische Herstellung von Farbstoffen zur Rot- bzw. Violettfärbung wie Mauvein durch den Engländer *Perkin* im Jahr 1856 und Alizarin durch die Deutschen *Graebe* und *Liebermann.*

Tabelle 1 teilt die Farbstoffe nach ihren Vorkommen ein.

Das Färben mit synthetischen Farbstoffen erfolgt heute vorrangig in der Industrie. Nur einige synthetische Farbstoffe eignen sich zum Färben im Haushalt (vgl. dazu Abschnitt 7.). Dagegen haben die pflanzlichen und tierischen Farbstoffe ihre große Bedeutung verloren. Ihre Nutzung bleibt überwiegend dem individuellen Arbeiten vorbehalten (vgl. dazu Abschnitt 6.).

Die im Haushalt verwendbaren Farbstoffe lassen sich nach der Art, in der sie auf die Faser aufziehen bzw. sich mit dieser verbinden, entweder als Substantiv- oder als Reaktivfarbstoffe charakterisieren.

Tabelle 1. Einteilung der Farbstoffe nach ihrem Vorkommen

Bezeichnung der Farbstoffgruppen	Vorkommen der zur Farbstoffgruppe gehörigen Farbstoffe
Naturfarbstoffe	
Farbstoffe pflanzlichen Ursprungs	in Wurzeln, Rinden, Hölzern, Blättern, Früchten, Samen, Pollen und Narben enthalten
Farbstoffe tierischen Ursprungs	kommen in der Haut, in den Organen und Ausscheidungen von Drüsen vor
Erd- oder Mineralfarbstoffe	in farbigen Mineralen und Gesteinen aus den verschiedenen Verwitterungskrusten der Erde, diese können nach verschiedenen Aufbereitungsarbeiten als Farbe verwendet werden, z. B. Ocker oder Bauxit
Synthetische Farbstoffe	ursprünglich aus den Bestandteilen des Steinkohlenteers hergestellte Farbstoffe

Die Substantivfarbstoffe ziehen auf die Faser auf, ohne daß der Farbstoff mit der Faser eine chemische Bindung eingeht. Entscheidend für die Fixierung (Befestigung) des Farbstoffes auf der Faser ist die Färbetemperatur. Je höher die Temperatur ist, um so intensiver und haltbarer ziehen die Farbstoffe auf die Faser auf. Viele der im Haushalt anwendbaren synthetischen Farbstoffe sind Substantivfarbstoffe.

Bei den Reaktivfarbstoffen kommt es beim Färben entweder zwischen Farbstoff und Faser oder zwischen Farbstoff, Faser und einem Beizmittel zu einer chemischen Reaktion, bei der sich entweder Faser und Farbstoff oder Faser, Farbstoff und Beizmittel verbinden. Färbungen mit Reaktivfarbstoffen können sowohl als Kaltfärbungen (d. h. Färbungen bei Temperaturen bis 50 °C) als auch als Heißfärbungen (d. h. Färbungen bei Temperaturen um den Siedepunkt) durchgeführt werden. Bei Kaltfärbungen ist zu beobachten, daß die niedrigere Temperatur eine längere Reaktionsdauer und deshalb entsprechend längere Färbezeiten zur Folge hat, um die gewünschte Farbintensität zu erreichen.

Färbungen mit Reaktivfarbstoffen haben eine größere Wasch- und Lichtechtheit als Färbungen mit Substantivfarbstoffen. Die pflanzlichen und tierischen Farbstoffe gehören zu den Reaktivfarbstoffen. Tabelle 2 teilt die Farbstoffe nach der Art, in der sie auf die Faser aufziehen oder sich mit dieser verbinden, ein.

Man kann sowohl Garne als auch Textilflächen färben. Beides ist einfarbig und mehrfarbig mit Mustern möglich. Beim einfarbigen oder totalen Färben wird das Färbegut überall und möglichst gleichmäßig vom Farbstoff durchdrungen. Die Meisterschaft des Färbers zeigt sich hier vor allem in der Schönheit der erreichten Farbe. Die sogenannten »Schönfärber«, d. h. die Färber der hellen Farben auf feinen Geweben, standen deshalb immer in hohem Ansehen. Sie und auch die an-

Tabelle 2. Einteilung der Farbstoffe nach der Art, in der sie auf die Faser aufziehen bzw. sich mit dieser verbinden

Bezeichnung der Farbstoffgruppe	Charakteristik der Verbindung bzw. des Aufziehens auf die Faser	zur Farbstoffgruppe gehörige Farbstoffe
Substantivfarbstoffe	Farbstoff und Faser gehen keine chemische Bindung ein, entscheidend für das Aufziehen des Farbstoffes ist die Färbetemperatur	viele der im Haushalt anwendbaren synthetischen Farbstoffe
Reaktivfarbstoffe	Farbstoff und Faser oder Farbstoff, Faser und ein Beizmittel gehen eine chemische Bindung ein, es kann sowohl kalt als auch heiß gefärbt werden	pflanzliche und tierische Farbstoffe

deren Färber hüteten folglich bestimmte, besonders begehrte oder komplizierte Farbmischungen wie Geheimnisse. »Er kann hexen und blaufärben«, »Er ist klug wie ein Blaufärber« hieß es beispielsweise im mittelalterlichen Deutschland von den Blaufärbern / 1 /. Mustern durch Färben war und ist vor allem für solche Gebiete typisch, wo die Web- und Drucktechniken wenig ausgebildet sind. (Beispielsweise herrscht in Indonesien, einem Zentrum des Musterfärbens, Leinwandbindung vor.) Hier ist es deshalb zu einer Aufgabe der Färber geworden, Muster zu erzeugen. *Muster* lassen sich folgendermaßen färben:

1. Es wird auf dem Färbegut zuerst eine Reservage (Schutzschicht) aufgetragen und danach gefärbt. An den reservierten (mit der Schutzschicht bedeckten) Stellen dringt keine Farbe ein, und nach dem Entfernen der Reservage bleiben Teile des Färbegutes in der ursprünglichen Farbe.
   Nach der Art der Reservage unterscheidet man in Blaudruck oder Blaufärben, Plangi, Ikat, Tritik und Aufnähen, Batik, Mustern mit Farbbeizen, Tauchen.
   Beim Blaudruck werden vor dem Färben Formen, die sogenannten Model, in die reservierende Masse, den sogenannten Papp, getaucht und auf die Textilflächen gedrückt. Nach dem Trocknen der Reservage wird gefärbt, der Papp entfernt und die Muster sichtbar. Bild 4 zeigt ein Detail aus einem chinesischen Blaudruckstoff. Die Blaufärberei ist an Werkstätten gebunden. Sie wird im folgenden nicht behandelt. Der interessierte Leser kann sich in der im Literaturverzeichnis angegebenen Spezialliteratur Kenntnisse dazu aneignen.
   Bei Plangi, Ikat, Tritik und Aufnähen erfolgt die Reservierung durch die Schnüre der Abbindungen oder die Fäden der Abnähungen. Nach dem Färben werden die Abbindungen oder Abnähungen gelöst, und an diesen Stellen tritt die ursprüngliche Farbe zutage. Bild 5 zeigt als Beispiel einen abgenähten Flechtrock von den indonesischen Aru-Inseln aus der Zeit um die Jahrhundertwende.

Beim Batiken deckt man Teile des Färbegutes mit Wachs ab. Dann wird gefärbt und die Wachsschicht entfernt. Durch Wiederholung des Verfahrens lassen sich sehr schöne mehrfarbige Stoffe herstellen. Die Indonesier gehören zu den Meistern dieser Technik. Bild 6 zeigt eine javanische Batik aus der Zeit um die Jahrhundertwende.
Bei der Arbeit mit Farbbeizen entstehen die Muster dadurch, daß man vor dem Färben mit einer Flüssigkeit, die den Farbstoff fixiert (der sogenannten Beize), auf die Textilflächen zeichnet oder druckt. Sie färben dann nur dort, wo gebeizt wurde.
Beim Tauchen werden nur bestimmte Teile des Färbegutes ins Färbebad getaucht. Diese färben sich, und durch ein Zusammenwirken mit den außerdem vorhandenen ungefärbten Stellen entstehen die Muster.

2. Das Färbegut wird gefärbt und getrocknet. Erst danach erfolgt die Musterung durch Auftragen von ätzenden Chemikalien auf die gefärbten Textilflächen. An den Stellen, an denen die Chemikalien auf die Farbe einwirken, verschwindet die Farbe wieder, und es entstehen auf diese Art und Weise Muster. Bild 7 zeigt einen Ätzstoff aus Westafrika, der im 20. Jahrhundert gefertigt wurde.

Tabelle 3 faßt die verschiedenen Verfahren des Musterns durch Färben in den beiden Hauptgruppen zusammen.

Tabelle 3. Zuordnung der Musterfärbeverfahren zu den beiden Hauptgruppen

Bezeichnung der Gruppe	zugehörige Musterfärbeverfahren
Reservemusterungs-verfahren	Blaudruck oder Blaufärben, Plangi, Ikat, Tritik und Aufnähen, Batik, Mustern mit Farbbeizen, Tauchen
Ätzmusterungs-verfahren	Färben und anschließende Musterung durch ätzende Chemikalien

2. Traditionen

Das Färben hat sich sowohl im Zusammenhang mit dem Weben als auch als selbständiges Verfahren der Stoffmusterung zu sehr früher, uns bekannter Zeit herausgebildet und zur Blüte entwickelt. Die Überlieferungen zeigen, daß in Abhängigkeit von den natürlichen Bedingungen, dem allgemeinen Zustand der Gesellschaft und den Kenntnissen und Fähigkeiten der Färber bestimmte Farbstoffe und Färbeverfahren zuerst in bestimmten Gebieten aufgetaucht sind und sich dort entwickelt haben. Es bildeten sich zu unterschiedlichen Zeiten, in unterschiedlichen Gebieten der Erde verschiedene Traditionen im Färben von Garnen und Textilflächen heraus. Mit zunehmendem Austausch und Handel haben sich die herkömmlichen Grenzen verwischt, und bestimmte, besonders begehrte Farben und Färbeverfahren verbreiteten sich über die ganze Welt. Die Traditionen in der Anwendung bestimmter Farbstoffe oder Färbeverfahren lassen sich deshalb nicht immer eindeutig bestimmten Gebieten zuordnen.

Vom Altertum bis in die Mitte des 19. Jahrhunderts erkannte man die Färber an Bottichen, Wannen, Kupfer- und Eisenkesseln, Horden, verschiedenen Kellen, Gerätschaften zum Zerkleinern der Färbematerialien und Stäben zum Bewegen des Färbegutes im Färbebad. »Farbkessel, Bütten, Schragen, Pläwel (Pleul), Rollen, Haaken, Weyd, Alaun, Lauge, item viel und mancherlei Farben« waren ihre Wahrzeichen durch die Jahrtausende /6/.

2.1. Asien – Purpur, Indigo und Mustern durch Färben

Die Inder, die Indonesier, die Chinesen und die Bewohner Phöniziens (des Gebietes des heutigen Libanon) bestimmten die Entwicklung der Farbstoffbereitung und der Musterung der Garne und Textilflächen maßgeblich. Es wird angenommen, daß die Purpur- und Indigofärbung von hier stammen und auch die Techniken des Musterfärbens bereits vor der Zeitenwende bei den Völkern Indiens, Chinas und Indonesiens auf hohem Niveau entwickelt waren.

Der wahrscheinlich älteste Farbstoff, der Purpur, wurde der Sage zufolge auf dem Gebiet des heutigen Libanon, dem damaligen Phönizien, gefunden.

Berichtet wird, daß der phönizische Gott Melkart beim Spaziergang mit seiner Geliebten, der Nymphe Tyros, den Farbstoff entdeckte. Sein Hund zerbiß eine

Schnecke und bekam davon ein rotes Maul. Als Melkart ihm das Maul abwischte, färbte sich sein Tuch rot, und die Nymphe wünschte sich sofort ein Gewand in dieser Farbe. Die purpurne Farbe entsteht dann, wenn der Schleim, den die Purpurschnecke an der Wand ihrer Atemhöhle absondert, auf eine Faser aufgebracht wird und Licht und Luft darauf einwirken.

Die Phönizier stellten schon etwa um 1500 vor unserer Zeitrechnung (v. u. Z.) Purpur her. Man unterschied und verwendete 3 Arten von Purpurschnecken: Murex brandaris, aus der sich am Ende blauviolett färben ließ, Murex trunculus, deren Endfarbe Rot bis Rotviolett war, Murex purpura mit der gleichen Endfarbe. Der Farbstoff wurde folgendermaßen gewonnen:

Die Schnecken wurden in Reusen eingefangen, die kleineren anschließend zerstampft und die größeren mit speziellen Werkzeugen aus den Gehäusen gelöst. Die so gewonnene Masse versetzte man mit Salz und ließ sie etwa 3 Tage lang stehen, verdünnte anschließend mit Wasser und faulem Harn. Den Brei ließ man 10 Tage lang zu einer festen Masse einkochen, die so in den Handel kam. Da jede Schnecke nur sehr wenig von dem färbenden Stoff enthielt, war die Purpurgewinnung sehr aufwendig und teuer. Beispielsweise ist bekannt, daß man etwa 8000 Schnecken töten mußte, um 1 Gramm Purpur herzustellen. Mit Purpur gefärbte Gewänder waren deshalb sehr teuer und einem ausgewählten Kreis der Gesellschaft vorbehalten. Purpur war die Farbe der Herrscher.

Die Purpurfärberei bildete bis ins frühe Mittelalter den Schwerpunkt der Färberei in diesem Teil Asiens und im Mittelmeergebiet. Mit dem verstärkten Aufkommen der Scharlachfarbstoffe aus Kermesschildläusen (Coccus ilicis – einer Schildlaus, die vor allem auf der Stein- und der Kermes-Eiche lebt und deren getrocknete Tierleiber zum Färben verwendet werden), einem rationelleren Verfahren, und später der Entwicklung synthetischer Farbstoffe starb die Purpurfärberei in großem Umfang aus.

Auch von der Färbung mit Indigo nimmt man an, daß sie aus dem asiatischen Raum stammt. Indigo bedeutet, abgeleitet aus dem Griechischen, übersetzt »das Indische«. Der Deutsche *Matthias Seefelder* berichtete in einem Vortrag vor der Akademie der Wissenschaften und der Literatur zu Mainz von alten Ausgrabungsstätten, in denen sich eindeutig Einrichtungen zur Indigofärbung aus dem 3. Jahrtausend v. u. Z. nachweisen lassen. Er fand in Pakistan in den ausgegrabenen Ruinen von Mohenjo Daro, einem Zentrum der alten Induskultur, Färbevorrichtungen, in denen in den Ritzen und Fugen der Steinmulden noch heute Indigospuren vorhanden waren. Auch in China färbte man der Überlieferung zufolge schon 2000 Jahre v. u. Z. mit Indigo /2/.

Für das Gebiet des heutigen Irak, das damalige Zweistromland der Sumerer, ist die Indigofärbung sowohl für Garne, die häufig in der Teppichweberei Verwendung fanden, als auch für Textilflächen belegt. Gefärbt wurde mit den verschiedenen Arten der Indigopflanze, die vor allem in Ostindien heimisch sind, aber auch in verschiedenen anderen subtropischen und tropischen Ländern kultiviert wurden. Bild 8 zeigt einen in unseren Breiten kultivierbaren Verwandten des Indigostrauches.

Der Farbstoff ist in allen Teilen der Pflanze in einer Vorstufe enthalten. Er wird über verschiedene Gärungsprozesse zum Färben vorbereitet. Ist das erfolgt, wird das Färbegut in der entstandenen Flüssigkeit getränkt. Dann kommt der entscheidende Moment: der Färber hängt das Färbegut zum Trocknen in Luft und Sonne auf, und erst dabei bildet sich das charakteristische Indigoblau. Die Indigofärbung ähnelt der Purpurfärbung. Beide Farbstoffe sind in ihrer chemischen Struktur verwandt.

Den asiatischen Färbern waren vor der Zeitenwende noch eine Reihe anderer Färbungen, wie beispielsweise Gelbfärbungen mit Safran (den Blütennarben des Crocus sativus), Saflor (den getrockneten Blütenblättern der Färbedistel Carthamus tinctorius), Orlean (einem Farbstoff, der aus der roten, fleischigen Hülle des Samens des Rukubaumes Bixa orellana gewonnen wird) und Kurcuma (den Wurzelknollen von Curcuma longa und Curcuma rotunda), Rotfärbungen mit der Kermesschildlaus und Krapp (der getrockneten, zerkleinerten Wurzel der Färberröte Rubia tinctorum) bekannt.

Die Färberei wurde in unterschiedlichem Umfang durchgeführt. So weiß man aus China aus der Zeit vor unserer Zeitrechnung, daß nur von Frauen für den Hausgebrauch gefärbt wurde, während es zu ähnlicher Zeit in Indien bereits gewerbliche Kleiderfärber und Wäscher gab. Bei den Sumerern wurde der Stand des Färbers besonders hoch geachtet. Die Färberei war eine geheimnisvolle Handlung. Gefärbt wurden Seide (vor allem in China), Schaf- und Ziegenwolle sowie Kamelhaar aus eigener Zucht. Bis zum Ende des 19. Jahrhunderts wurden hier Baumwolle und Flachs kaum angebaut, sondern als Rohfaser oder Garn aus Ägypten importiert.

Mit dem 20. Jahrhundert wechselten die asiatischen Färber in großem Umfang zur Verwendung von synthetischen Farbstoffen über. Naturfarbstoffe werden heute noch in der Teppichherstellung, bei der Gestaltung der Trachten und beim Musterfärben gebraucht. Es gibt bereits Beispiele, die Traditionen des Pflanzenfärbens dort, wo sie in den letzten 100 Jahren vergessen wurden, wieder zu beleben und zu bewahren. So wurde Anfang der 80er Jahre unseres Jahrhunderts von der Universität Istanbul ein Projekt zur Wiedereinführung der Naturfärberei beim Teppichweben und -knüpfen ins Leben gerufen /4/.

Von Plangi, Ikat, Tritik und Batik wird angenommen, daß sie ihre Ursprünge im asiatischen Raum haben. Durch Plangi wurde wahrscheinlich zuerst in Vorderindien gemustert. Völkerkundler nehmen an, daß sich die Technik von dort einerseits nach Indonesien und zum anderen nach Afrika verbreitet hat /5/. Auf Java und Bali läßt sich das Verfahren seit dem 16. Jahrhundert in Urkunden nachweisen. Auf Java werden heute noch Plangiarbeiten durchgeführt. Die Technik hat hier eine relativ selbständige Weiterentwicklung erfahren. Zentren der Plangimusterung stellen Syrien, Persien, Afghanistan, Turkestan, Tibet, China, Japan, Vorderindien, Thailand, Indochina und Westindonesien dar /6/.

Tritik oder die Mustererzeugung durch Abnähen hat ihre Ursprünge ebenfalls in Indien und Indonesien. Mit der Nähmethode wird heute noch in vielen textilen Werkstätten der Welt, vor allem aber auf Java, häufig reserviert. Wann und wo zuerst gebatikt wurde, läßt sich nicht genau bestimmen. Bekannt ist jedenfalls, daß Indonesien ein Batikgebiet ist, in dem die schönsten Erzeugnisse in dieser Technik geschaffen wurden. Auf Java hat die Batik besondere und höchste Entwicklung gefunden. Sie wird schon in den Geschichten und Legenden der altjavanischen Literatur erwähnt.

Die Technik entwickelte sich seit dem 15./16. Jahrhundert zu hoher Blüte, nachdem zum Abdecken anstelle von Reiskleister Bienenwachs Verwendung fand. Seit der Mitte des 19. Jahrhunderts, als man in Konkurrenz zu den billigen europäischen Nachahmungen zum Batikdruck überging, wurde das Tragen von Batiken in Indonesien allgemein üblich. Die Batiken wurden in großem Umfang gewerbsmäßig hergestellt.

Die in den Reservemusterungsverfahren hergestellten Textilflächen wurden und werden in Asien überwiegend in der traditionellen rechteckigen oder quadratischen Form verwendet. Sie dienen häufig als Sarong, einem Wickelgewand, dem traditionellen Kleidungsstück der Bauern, Bäuerinnen und Handwerker, als Djarit, einem Wickelrock, als Kemben, dem Brusttuch der Frauen, als Slendang, dem Schultertuch, und als Iket, dem Kopftuch der Männer. Die Plangi- und Ikattücher verwendete man häufig zu kultischen Zwecken, d. h., sie waren Geistertücher, Wandbehänge bei kultischen Feiern, Zeremonialkleider oder Grabbeigaben /5/. Aus Mitteljava weiß man, daß seidene Hosen aus Ikaten gearbeitet wurden. Auf Borneo bei den Dayak sind braun-weiß gemusterte Jäckchen aus Ikaten bekannt.

Heute ist vor allem der Batikdruck für Indonesien charakteristisch. Die wichtigsten Farben der Batiken sind Blau, Rot, Braun, Schwarz, Gelb, Violett und Grün. Gegenwärtig werden die Batiken zu etwa 90% mit Teerfarbstoffen gefärbt.

2.2. Afrika – ägyptische und westafrikanische Traditionen

Die afrikanischen Färbetraditionen wurden in großem Umfang von den Ägyptern und den Bewohnern Westafrikas geprägt und bewahrt.

Mit der Sammlung, Entwicklung und Zusammenstellung von Kenntnissen zur ägyptischen Färberei haben sich vor der Zeitenwende der Priester *Ostanes* und sein Schüler *Bolos von Mende* beschäftigt. Im sogenannten *Papyrus Holmiensis* oder *Leidener Papyrus* (als dessen Verfasser *Bolos von Mende* gilt) wird ein Überblick über die ägyptische Färberei etwa im 3. Jahrhundert v. u. Z. gegeben /3/. Die Schrift enthält bereits umfangreiche Färbevorschriften. Die Färber kannten das Blauen mit Waid (Isatis tinctoria, einer Pflanze, die in ihren Blättern eine Vorstufe des blauen Farbstoffes enthält), Rotfärbungen mit Krapp, Kermesschildläusen, Orseille (einem Farbstoff, der aus den Rocella-, Variolaria- und Lecanora-Flechten gewonnen wurde), Gelbfärbungen mit Saflor, die Verwendung von Alkanna (einem Farbstoff aus der Wurzel von Alkanna tinctoria) und von Henna (Blätter und Stengel der Pflanze Lawsonia inermis).

Bild 1. Färbevorgang am Beispiel einer Wollfärbung

Bild 2. Färbevorgang am Beispiel einer Wollfärbung

Bild 3. Färbevorgang am Beispiel einer Wollfärbung

Bild 4. Detail aus einem chinesischen Blaudruckstoff aus der Zeit um die Jahrhundertwende, Museum für Völkerkunde Leipzig

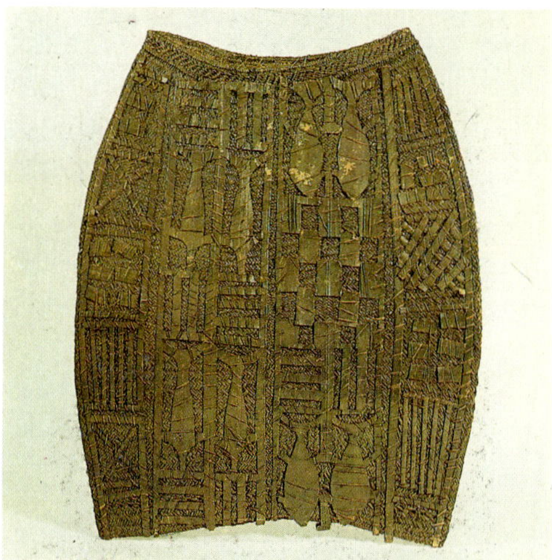

Bild 5a, 5b. Abgenähter Flechtrock von den indonesischen Aru-Inseln aus der Zeit um die Jahrhundertwende, Museum für Völkerkunde Leipzig

Bild 6. Javanische Batik aus der Zeit um die Jahrhundertwende, Museum für Völkerkunde Leipzig

Bild 7. Ätzstoff aus Westafrika aus dem 20. Jahrhundert, Museum für Völkerkunde Leipzig

Bild 8a, 8b. In unseren Breiten kultivierbarer Indigostrauch

Bild 9. Detail aus einem mit Indigo übersättigten westafrikanischen Stoff aus dem 20. Jahrhundert, Museum für Völkerkunde Leipzig

Bild 10. Arbeitsmittel zum Färben

Bild 11. Arbeitsmittel zum Färben

Bild 12. Im Haushalt färbbare pflanzliche Fasern

Bild 13. Im Haushalt
färbbare tierische Fasern und Fäden

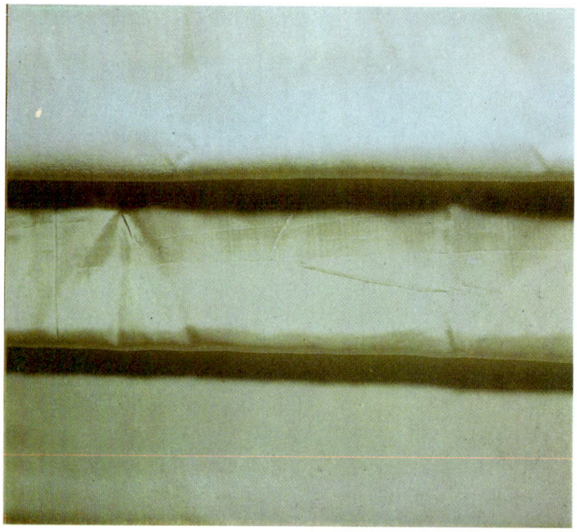

Bild 14. Textilflächen aus
im Haushalt färbbaren
Chemiefasern und -fäden

Bild 15. Unterschiede in
der Farbaufnahme zwischen
Baumwolle, Schafwolle und Seide

Bild 16. Anordnung der Farben in einem 12teiligen Farbkreis

Bild 17. Gewaschene lose, gekrempelte und gesponnene Wolle

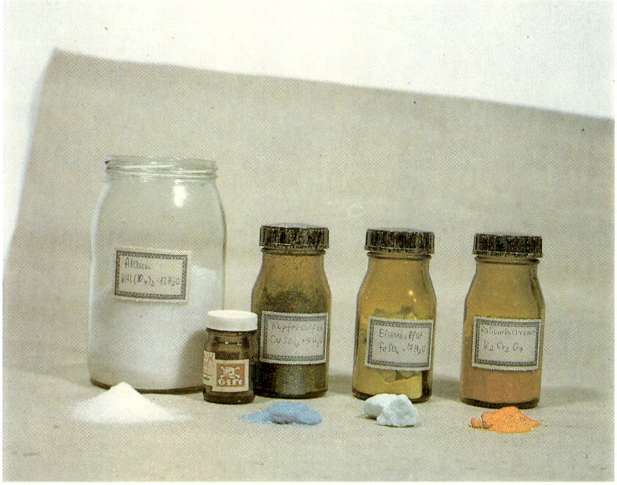

Bild 18. Ausgewählte Beizmittel

Bild 19. Ausgewählte, mit pflanzlichen Farbstoffen gefärbte Schafwollen

Bild 20. Färbungen mit Kartoffelkraut, Kreuzdornbeeren, Lilienblättern

Bild 21. Färbungen mit Färberkamillenblüten, Essigbaumblättern

Bild 22. Färbungen mit Bärentrauben- und Birkenblättern, Rohrkolben

Bild 23. Färbungen mit Rainfarn, Pfirsichblättern, Maiblumenblättern

Bild 24. Färbungen mit Rainfarn, Safran/Kurkuma, Schafgarbenkraut

Bild 25. Färbungen mit Schöllkraut, Spinatblättern, Sumpfschachtelhalm, Walnußblättern

Bild 26. Färbungen mit Curry, Färberkamillenblüten, Schöllkraut, Isländischem Moos

Bild 27. Detail aus einer Curryfärbung auf Baumwolle

Bild 28. Schafwollpullover, für den die Wolle in unterschiedlichen Farben gelb gefärbt und dann verarbeitet wurde

Bild 29. Detail des Schafwollpullovers

Bild 30. Färbungen mit Eichenrinde, Kaffeebohnen

Bild 31. Färbungen mit Schwarzem Tee, Roten Beten

Bild 32. Nußschalenstufenfärbung auf Schafwolle

Bild 33. Färbungen mit Farnkraut, Faulbaumrinde, Heidelbeerzweigen

Bild 34. Färbungen mit Heidelbeerzweigen, Roßkastanienschalen, Kiefernzapfen, Zwiebelschalen

Bild 35. Färbung mit Krappwurzeln
Erste Färbung und Nachfärbung

Bild 36. Schafwoll-pullover, für den die Wolle über Faulbaum-rindenstufenfärbung braun gefärbt und dann verarbeitet wurde

Bild 37. Detail des Schafwoll-pullovers

Man versuchte bereits, Purpur nachzuahmen, indem man mit Essig und Eisenrost beizte und anschließend mit Alkanna, Kermes und ähnlichem färbte. Man wusch die Wolle mit gepulverter Seifenkrautwurzel (Radices saponariae Aegyptiaci), beizte mit Vitriol (Kupfer(2)sulfat oder Eisen(2)sulfat), Alaun (Kaliumaluminiumsulfat) oder Harn und kannte als Säurezusatz die Verwendung solcher Färberhilfsmittel wie Aschenlauge, Kalkmilch, Schweinemist, Abkochungen von Bohnenschrot, Linsen und anderen Pflanzen und Früchten. Man war außerdem schon in der Lage, verunglückte Färbungen durch Kochen in Kuhmilch oder Schwefel aufzuhellen bzw. zu beseitigen.

Aus Grabfunden konnte bestimmt werden, daß die Ägypter um die Zeitenwende bereits die Indigofärbung beherrschten, die wahrscheinlich von Osten kommend zu dieser Zeit in den Küstengebieten des Mittelmeerraumes bekannt wurde. In den Gräbern fand man auch mit Safran gelb gefärbte Binden ägyptischer Mumien.

Ein besonderes Zentrum der ägyptischen Färberei war die Stadt Coptos, in der Garne und Textilflächen von eigenständiger Färbung und Gestaltung erhalten geblieben sind. Die Ausgrabungen des Engländers *W. F. Petrie* haben eine Färberwerkstatt aus römisch-koptischer Zeit zutage gebracht, aus der man ihre prinzipielle Anlage erkennen kann. Sie bestand aus zwei Werkräumen, in denen sich auszementierte Küpen (Färbekessel), Wasserbehälter und Gruben zum Spülen befanden. Die gefärbten Stücke wurden auf dem Dach getrocknet /3/. In Ägypten färbte man vor allem Leinen und Baumwolle, die als besonders rein galten, weil sie nicht vom Tier stammten, im Unterschied zur Wolle, von der *Herodot*, der älteste griechische Geschichtsschreiber, berichtet, daß Wollkleider im Tempel nicht erlaubt waren und man auch in Wollkleidern nicht begraben wurde.

Heute bemüht sich der Kunsterzieher Professor *Wissa Wassef* um die Wiederbelebung des alten ägyptischen Färber- und Weberhandwerks. Sein Ziel besteht unter anderem darin, die alten Färbetraditionen mit neuen Ausdrucksmöglichkeiten zu verwirklichen. Er arbeitet mit Kindern, die in einer Werkstatt mit dazugehörigem Färbergarten färben und weben können.

Auch in einigen Gebieten Nord-, Nordwest- bzw. Westafrikas haben sich die Traditionen des Färbens und Musterns von Garnen und Textilflächen durch Färben bis heute erhalten bzw. wurden wiederbelebt. Gefärbt wurde und wird auch hier meist Baumwolle, die in verschiedenen Gebieten Westafrikas angebaut wurde bzw. angebaut wird. In Nordafrika, bei den Berberstämmen von Marokko, Algerien, Tunesien, Lybien und Oberägypten wurden und werden Plangistoffe in einfacher Musterung auf Wolle, seltener auf Baumwolle und Kunstseide hergestellt. Charakteristisch für ihre Musterung ist, daß man häufig Hälften und Viertel von Plangielementen an den Ecken und Kanten der Textilflächen findet /6/.

Die Deutsche *Gudrun Schneider* erwähnt Färbungen mit Indigo, Kolanuß, Eisen, Gerbstoff der farbstoffhaltigen Wurzel von Morinda citrifolia und der alaunhaltigen Rinde des Baumes Baccaurea racemosa bei Handwerkern in Westafrika /7/.

Die Indigofärbung war und ist auch heute noch eine der für Westafrika typischen Färbungen. Neben Indigofera tinctoria, der indigohaltigen Pflanze indischer Herkunft, verwendet man heute in Westafrika eine Vielzahl anderer indigohaltiger Pflanzen. In Nigeria färben zwei Volksstämme, die Yoruba und die Hausa, heute noch mit Indigo. Dabei wird der pflanzliche mit synthetischem Indigo gemischt. Das Vorgehen bei der Indigofärbung ist im wesentlichen in Westafrika überall gleich, die Rezepte für die Bereitung des Färbebades unterscheiden sich. Das Färbebad wird sowohl in großen, im Boden eingelassenen Tonbehältern, gemauerten Gruben als auch in kleineren Tongefäßen zubereitet. Man verwendet dafür frische Indigoblätter oder kauft den Indigo auf dem Markt in Form von Kuchen, die aus zerstoßenen Blättern hergestellt wurden. Es wird beispielsweise folgendermaßen gefärbt /8/:

1. »Indigokuchen werden zerstoßen und mit Wasser benetzt.
2. Nach drei Tagen wäscht man diese Masse in einem Korb mit sehr viel Wasser, um alle Verunreinigungen zu entfernen.
3. Dann fügt man alkalihaltiges Wasser zu.
   Nach drei Tagen füllt man das Färbegefäß mit alkalischem Wasser, das man folgendermaßen zubereitet: Holzasche von Baobab (Kogosira), n-Kalama (Anogeissus leiocarpus), serene (Balamites aegyptiaca), nyama (Bankinia rediculata), soa dye (Acacia albida) oder Kuna wird während 24 Stunden mit Wasser angefeuchtet und in einem Korb oder einem porösen Tontopf mit Wasser versetzt. Das unten heraustropfende Wasser schüttet man immer wieder über die Asche, bis es die notwendige Konzentration aufweist.
4. In die entstandene Lauge schüttet man die Indigoflüssigkeit und läßt das Bad, das sich allmählich mit Schaum bedeckt, während drei Tage ruhen.
5. Die Küpe wird nun mit einem geschälten Holzstab aufgerührt.
6. Der Stoff wird ins Farbbad eingetaucht.«

Die Garne und Textilflächen wurden und werden in Westafrika in verschiedenen Blaunuancen gefärbt. Für einzelne Volksstämme, beispielsweise die Yoruba und die Hausa, gilt eine Überdosierung des Farbstoffes so, daß er später beim Tragen der gefärbten Textilflächen auf der braunen Haut abfärbt, als Schönheitsideal. Sie klopfen die Farbe auch zusätzlich in die Baumwolle ein. Dadurch entsteht eine Ähnlichkeit mit Leder /9/. Bild 9 zeigt ein Detail aus einem mit Indigo übersättigten westafrikanischen Stoff aus dem 20. Jahrhundert.

Vor allem im Zusammenhang mit der Indigofärberei wurden und werden in Westafrika die verschiedenen Musterungsverfahren verwendet, die gegenüber den aus Asien bekannten einige Besonderheiten aufweisen. Plangi, Tritik, Falt-, Näh-, Wickel-, Knitter- und Stickreserven sowie der Kettikat waren oder sind bekannt. Man verwendete und verwendet zum Abdecken der Muster außerdem Wachs oder verschiedene Pasten. Für Plangiarbeiten der Yoruba ist charakteristisch, daß sie häufig mit einem roten Faden abbinden. Dadurch entstehen andersfarbige Musterkonturen.

Eine typisch westafrikanische, für Senegal, Sierra Leone und die Elfenbeinküste charakteristische Tritikmethode ist die sogenannte »Schlangenhaut«. Bei diesem Verfahren werden kleine, sehr regelmäßig gelegte Falten mit Nähstichen fixiert und ergeben ein Muster, das die abgenähte Textilfläche mit Schuppen oder kleinen aneinandergereihten Rhomben überzieht. Außerdem ist für Senegal eine sogenannte »rope-tied«-Methode typisch. Bei diesem Musterungsverfahren wird die Textilfläche in feine, sehr regelmäßige Längsfalten gelegt und in Form eines langen Seils spiralig umwickelt. Nach dem Färben und Lösen der Abbindungen sieht man lange, mehr oder weniger dicke Längsstreifen, die durch feine Querlinien unterbrochen werden. An der Elfenbeinküste musterte und mustert man sehr häufig mit einem anderen »rope-tied«-Verfahren. Hier wird der Stoff von der Mitte her gefaltet und mit breiten Umwicklungen versehen. Nach dem Färben sieht man Muster aus konzentrischen weißen Kreislinien und unregelmäßigen Strahlenformen.

In Guinea werden die mit besonderen »rope-tied«-Verfahren abgebundenen Textilflächen an den Falten wahrscheinlich noch zwischen Brettchen eingebunden.

Neben Wachs werden die Muster auch mit einer Paste aus Stärkemehl reserviert. Bei den Yoruba findet man beispielsweise zwei unterschiedliche Methoden der Reservierung mit der Stärkepaste. Sie zeichnen die Paste entweder direkt mit einer Feder oder anderem Werkzeug auf die Textilflächen (hauptsächlich Rohr, Baumwolle oder andere Fasern) oder benutzen eine Schablone. Das Abdecken mit der Schablone geht so vonstatten, daß die Schablone aufgelegt und die Paste mit einem Holzstück aufgetragen wird. Sie wird anschließend bis zum Hartwerden getrocknet, dann die Textilfläche gefärbt und die Paste wieder abgeflockt. Es bleibt das weiße Muster auf gefärbtem Grund zurück. *Margaret Trowell* berichtet von einem Ausstellungsstück im Britischen Museum, das auf ähnliche Art und Weise mit einem Fischhautmuster versehen wurde /10/.

Für Westafrika charakteristisch ist auch das Mustern durch Ätzen. Eine Verzierungstechnik auf Bambara-Textilflächen, bei denen die Muster sich braunschwarz von einem hellen Grund abheben, wird folgendermaßen beschrieben /8/: »Die von den Bambara hergestellten, Bokolantini genannten Gewebe, werden folgendermaßen hergestellt:

1. Der Stoff wird in einem Absud aus Blättern von n'galaman (Anogeissus leiocarpus) und n'tjanhara (Combretum glutinosum) eingetaucht.
2. Der Stoff wird getrocknet.
3. Der Schlamm wird aufgetragen (aus der Mitte eines getrockneten Wassertümpels geschöpft).
   Der Schlamm wird vor Verwendung während eines Jahres in einem Gefäß, mit Wasser bedeckt, aufbewahrt. Er wechselt dabei die Farbe von grau zu grauschwarz.
   Mit Vorliebe wird Schlamm aus Tümpeln verwendet, in denen Früchte von bwana (Acacia adansonni) verfault sind.

4. Der Schlamm wird mit einem Holzspachtel aufgetragen, zuerst die großen Linien, dann die Details.
5. Nach dem Zeichnen läßt man den Schlamm antrocknen und spült den Stoff in Wasser.
6. Der Stoff wird wieder in gelbe Lösung getaucht und getrocknet.
7. Die Muster werden nochmals mit Schlamm bestrichen und erscheinen jetzt schwarz oder grauschwarz auf senffarbenem Grund.
8. Das Tuch wird in viel Wasser ausgewaschen und kann so getragen werden. Meist erfolgt aber eine weitere Behandlung.
9. Aus Wasser, Ätznatron und Fett (2 l Wasser, 1 kg Ätznatron, 10 Maß zerstampfte Erdnüsse und 1 Maß Hirsekleie) wird eine Art Seife sodani hergestellt.
10. Diese Lösung wird mit einem kleinen Spachtel auf die gelben Stellen aufgetragen und ätzt den gelben Farbstoff weg. Der Stoff wird in Wasser gespült und die Behandlung eventuell wiederholt. Der Stoff ist dann fertig, und die schwarzen oder grauschwarzen Motive erscheinen auf weißem Grund.

Im Musée de l' Homme in Paris befinden sich sehr schöne Gewebe dieses Typs, deren Grund tief ziegelrot ist.«

2.3. Amerika – indianische und mexikanische Traditionen

Amerikanische Färbetraditionen sind vor allem aus Südamerika und Mexiko bekannt.

Aus Peru, dem Land, in dem bisher die meisten indianischen Textilien bei Ausgrabungen gefunden worden sind, weiß man, daß bereits vor mehr als 2000 Jahren v. u. Z. meisterhaft gefärbt wurde. Den Funden des Deutschen *Ferdinand Anton* /11/ zufolge waren den Indianern etwa 2000 Jahre v. u. Z. mehr als 190 Farben und Farbabstufungen bekannt. Sie färbten zu dieser Zeit bereits Garne und Textilflächen. Das Hauptbekleidungsstück der Indianer, der Poncho, ein ärmelloses, meist naturfarbenes Baumwollhemd, wurde oft mit geometrischen Ornamenten in leuchtenden Farben bestickt. Zum Färben benutzte man tierische und pflanzliche, aber auch mineralische Farbstoffe.

Seit etwa 1000 v. u. Z. wurden auch Baumwollgewebe bemalt. Zum Malen umwickelte man Stäbchen mit einem Baumwollbausch, mit dessen Hilfe das Auftragen der Farbstoffe auf die Gewebe erfolgte. An Farben wurden Rot und Blau sowie Abstufungen von Ocker bis Schwarzbraun verwendet. Die Naturfarbe der Baumwolle und später der Wolle bildete einen Bestandteil des Farbentwurfes. Einige Funde aus der Zeit um 300 bis 700 zeigen, daß man bereits die Plangi- und Ikattechnik kannte. Später wurden die Weber von Chancay zu wahren Meistern im Plangi- und Ikatfärben. Von ihnen sind große, häufig bemalte Baumwolltücher erhalten, die in leuchtendem Orange, in Brauntönen, aber auch in einem eigenartigen, sehr seltenen Türkisblau gearbeitet worden sind.

Von der Herstellung und Zusammensetzung der Farbstoffe, die man in den Kulturländern des alten Mexiko und Mittelamerika verwendete, ist bekannt, daß man zum Gelbfärben Cochenille (die getrockneten Weibchen der Schildlaus Coccus cacti, die auf der Nepalpflanze in Mexiko und Zentralamerika lebt) und Ockererde benutzte, Weiß gewann man aus einer Kreide, ein schöner roter Farbstoff entstand aus dem Samen des Urucubaumes, Hell- und Dunkelblau aus Indigo, Smaragdgrün aus dem Edelstein Malachit. Schwarz wurde aus dem Ruß eines wohlriechenden Harzes und einer Erdart gewonnen. Zum Fixieren der Farbstoffe verwendete man sowohl den klebrigen Saft einer Salbeiart, der unter die Saft- und Erdfarben gemischt wurde, als auch Alaun und Salpeter /12/. Rot färbte man unter Zuhilfenahme verschiedener Farbhölzer, der Purpurschnecken und der Cochenille.

Die wichtigsten Farbhölzer Rotholz, Sandelholz und Kampecheholz von Baumarten der Gattung Caesalpinia, dem Sandelbaum und dem Blutholzbaum enthalten in Wasser lösliche Farbstoffe, die sehr intensiv färben. Interessant sind die in Amerika gefundenen verschiedenen Möglichkeiten, Rot mit Hilfe der Purpurschnecke zu färben. *Gudrun Schneider* berichtet davon, daß man in der ersten Hälfte des 19. Jahrhunderts bei den Zapothekenfrauen am Isthmus von Tehuantepec (Mexiko) beobachtete, daß sie den Purpurschnecken durch Hineinblasen Saft entlockten. Durch diese Absonderung wurden die Garne gezogen und färbten sich anschließend an Licht und Luft rot /7/.

Matthias Seefelder erwähnt mexikanische Indios an der Pazifikküste, die Ende der 60er Jahre unseres Jahrhunderts folgendermaßen mit Purpurschnecken färbten /2/:

»Die Schnecken wurden gemolken, indem man sie auf das feuchte Wollgewebe setzte und durch Beträufeln mit Zitronensaft dazu brachte, daß sie das färbende Sekret abgaben. Dadurch färbte sich das Gewebe innerhalb weniger Minuten an Luft und Sonne rot. Die Schnecken wurden anschließend wieder ins Meer gesetzt.«

Rotfärbungen mit Hilfe der Schildlaus Cochenille wurden häufig folgendermaßen vorgenommen: Die Tiere wurden gesammelt, durch Eintauchen in heißes Wasser oder durch Ausbreiten auf heißen Platten getötet. Sie sehen dann wie 1 bis 2 mm große Körner aus und werden so zum Färben verwendet. Außer der echten Schildlaus benutzte man die Farbstoffe verschiedener anderer Schildlausarten, die aber nie so schön wie Cochenille färbten.

Ein Teil der traditionellen Färbemethoden wird in Amerika heute noch oder wieder genutzt. So berichtet *Gudrun Schneider* davon, daß die Navajo-Indianer heute wieder mit Naturfarbstoffen in den gelben, braunen und grünen Tönen färben und die Garne im Streifenmuster früherer Zeiten verweben /7/.

2.4. Europa – Krapp, Waid und eine Vielzahl von Farbstoffen aus einheimischen Pflanzen

Etwa seit der Zeitenwende sind für Europa Traditionen im Färben überliefert, die sich einerseits auf der Grundlage europäischer Pflanzen und Färbefertigkeiten entwickelt haben als auch durch Austausch und Handel aus Asien und Afrika hierher gekommen sind.

In Südeuropa lassen sich die Traditionen vor allem für die Gebiete des heutigen Griechenlands und Italiens nachweisen. Die Bewohner dieser Gebiete haben seit etwa 1000 v. u. Z. sowohl Garne als auch Textilflächen in größerem Umfang gefärbt. Wir können uns vor allem aus den Aufzeichnungen des *Aristoteles* (384 bis 322 v. u. Z.), des *Theoprast* (372–287 v. u. Z.) und von *Plinius dem Älteren* (24–79 u. Z.) ein Bild über den frühen Stand der Färberei in Südeuropa machen.

Aristoteles und *Theoprast* berichteten, daß Farbstoffe für Garne und Textilflächen aus Wurzeln, Rinden, Hölzern, Früchten, Blättern, Samen, Blütennarben, aber auch aus Mineralien gewonnen wurden. Man färbte in Werkstätten.

Safrangelb gehörte zu den griechischen Modefarben. Safrangelbe Gewänder waren in Griechenland die typisch weibliche Tracht. Beispielsweise sagte die Kalonike in der Komödie Lysistrata von *Aristophanes* (445–385 v. u. Z.): »... wir, wir sitzen da mit Blumen hübsch geputzt im safrangelben Kleid und wohlgeschminkt...« /3/. Den gelben Farbstoff gewann man aus den Blütennarben des Safrankrokusses. Die Färbung mit Safran war umständlich und teuer, benötigte man doch zur Herstellung von einem Kilogramm Safran etwa 80000 Blüten.

Theoprast berichtete außerdem von der Möglichkeit, in Kreta eine auf Felsen in der Nähe des Ufers wachsende Alge (wahrscheinlich meinte er die Lackmusflechte) zum Färben von Bändern und Kleiderstoffen zu verwenden. Angeblich sollte die frische Färbung mit dieser Flechte schöner als Purpur gewesen sein.

In Griechenland war auch bekannt, daß man mit Galläpfeln (Auswüchse an Blattknospen, Blättern oder Früchten, die dadurch entstehen, daß verschiedene Insekten ihre Eier mit einem Legestachel in diese Pflanzenteile legen und an diesen Stellen die als Gallen bezeichneten starken Zellwucherungen oder Auswüchse entstehen), Eichenrinde oder Walnußschalen Schwarz färben konnte.

Die Griechen und Römer färbten außerdem mit Waid, Indigo, Kermes, Cochenille, Färberwau (Reseda luteola), Färberginster (Genista tinctoria), Ochsenzunge (Anchusa offizinalis), den Blüten des Granatapfelbaumes und dem Saft des Thapsiakrautes (einer Pflanzengattung aus der Familie der Doldenblüter).

Um die Zeitenwende kam die Purpurfärberei von den Phöniziern in die Gebiete des heutigen Griechenlands und Italiens. Sie wurde dort in großem Umfang betrieben. Die römischen Cäsaren trugen Purpurgewänder, und der Kaiser war an den Geschäften der Purpurfärberei beteiligt. Außerdem bildete sich eine weitgehende Spezialisierung der Färber nach Farben heraus.

Der Krapp, einer der wichtigsten Farbstoffe für Rot im europäischen Raum, war zuerst in Kleinasien, Griechenland, Italien und anderen Gebieten Südeuropas heimisch. Durch *Plinius den Älteren* wissen wir von Krappkulturen in der

Umgebung von Rom. Mit den Krappwurzeln färbte man unter Verwendung von Metallsalzen Garne und Textilflächen rot bzw. rotbraun. Die Färbung von leuchtendem Rot mit Krappwurzeln stammte aus der Türkei, ist als sogenanntes Türkischrot bekanntgeworden und wurde lange Zeit mit Erfolg geheimgehalten. Erst in der Mitte des 18. Jahrhunderts konnte ein leuchtendes Rot in Frankreich durch ein ähnlich brauchbares Verfahren gefärbt werden.

Krapp wurde, den Überlieferungen zufolge, zwischen dem 7. und dem 18. Jahrhundert in verschiedenen Gebieten Europas als Kulturpflanze angebaut. Bekannt sind beispielsweise die Krappanpflanzungen in St. Denis in der Nähe von Paris, der durch *Karl den Großen* angeordnete Krappanbau auf den Fron- und Königshöfen, aber auch die Krappkulturen in Holland und Frankreich. Frankreich war im 18. Jahrhundert das führende Krappanbauland der Erde. Mit der synthetischen Herstellung des Alizarins wurden Krappanbau und Krappfärbung in Europa in größerem Umfang eingestellt.

Eine andere, für Europa charakteristische Färbepflanze ist der Färberwaid. Bereits *Cäsar* (100–44 v. u. Z.) schrieb in seinem Werk »De Bello Gallico« (lat. Vom Gallischen Krieg) vom furor teutonicus (lat. teutonischer Schrecken), d. h. davon, daß sich die Briten, wahrscheinlich um beängstigend auszusehen, vor dem Kampf mit Waid blau färbten. Auch *Plinius der Ältere* berichtete davon, daß sich nicht nur die Krieger, sondern auch die Frauen und Mädchen bei bestimmten Gelegenheiten mit Waid bemalten.

Mehrere Textilfunde aus dem 1. Jahrtausend belegen die lange Tradition des Färbens mit Waid für Nordeuropa. Eines der bekanntesten Beispiele dafür ist der wahrscheinlich um 400 entstandene, aus dem Moor bei Thorsberg in Schleswig-Holstein ausgegrabene Textilfund, der als Thorsberger Prachtmantel bezeichnet wird. Er war weiß und in drei Waidblautönen gefärbt.

Der Waid wurde wahrscheinlich in Europa überall dort angebaut, wo Ackerboden und Höhenlage dazu geeignet waren. So sind Kulturen in deutschen Staaten, in Italien, Spanien, Frankreich, England und Ungarn bekannt. *Karl der Große* hatte den Anbau auf den germanischen Fron- und Königshöfen verfügt.

Die europäischen Blaufärber waren im Mittelalter weit über ihre Heimat hinaus bekannt. Die Thüringer Gebiete, vor allem um Erfurt, Gotha, Langensalza, Tennstedt und Arnstadt, waren die Waidanbauzentren in den deutschen Staaten. Der Erfurter Waid war der beste und in der ganzen Welt begehrt. Er wurde von den deutschen Waidhandels- und Stapelplätzen an andere Handelsknotenpunkte der Welt geliefert.

Waid enthält den gleichen Farbstoff wie Indigo, allerdings in kleineren Mengen. Waid- und Indigofärbung ähneln sich. Aus dem Waid können über umständliche Prozeduren die drei Farben Blau, Schwarz und Grün hergestellt werden. Zuerst färbte man daraus nur Schwarz, und erst später gelang die Blaufärbung.

Der deutsche Färber *Georg Wilhelm Hoelterhoff* beschrieb 1833 die damit verbundenen Arbeitsgänge folgendermaßen /13/: »Wenn die jungen Pflanzen eine Spanne lang sind, werden sie mit dem Waideisen über der Wurzel abgestoßen, so oft wiederholt, als sie nachwachsen. Nachdem man die abgestoßenen Blätter gewaschen und getrocknet hat, werden sie auf einer Stampfmühle gemahlen, hernach wieder angefeuchtet und in Ballen gebildet. Diese werden auf Horden getrocknet und danach wieder drei- bis viermal angefeuchtet und getrocknet. In diesem Zustand verkauft der Landmann den Waid an die Waidhändler. Diese schütten ihn in große Haufen und benetzen ihn mit Wasser, wodurch er in eine Gärung gesetzt wird. Zuletzt wird er in große Ballen geformt und an die Färber verkauft.«

Die Färber unterzogen die Waidkugeln einer nochmaligen Gärung, färbten dann in der Urinküpe und hängten das Färbegut anschließend an die Luft. Durch Licht und Luft entstand die blaue Farbe. Das Färbegut blieb häufig den Sonntag über im Farbbottich und wurde am Montag ausgehängt, anders ausgedrückt »blau gemacht«. Daraus ergab sich für die Färber ein blauer oder freier Montag.

Am Ende des 15. Jahrhunderts – nach der Entdeckung des Seeweges nach Indien und Amerika – kam der Indigo nach Europa. Die Blaufärbung mit Indigo ermöglichte eine größere Ausbeute. Sie verdrängte in harten Auseinandersetzungen mit den Waidbauern den Waid aus seiner vorherrschenden Stellung. Der Waidanbau ging zurück. Beispielsweise gab es 1629 in Thüringen, wo vorher überall Waid angebaut wurde, nur noch 30 Dörfer mit Waidbauern /14/.

Neben den Kulturpflanzen Waid und Krapp verwendete man in der Hausfärberei alle heimischen Wildpflanzen, die auch teilweise angebaut wurden. So waren die verbreitetsten gelbfärbenden Pflanzen in Mittel- und Osteuropa der Färberwau und die Rinde des wilden Apfelbaumes. *Edward Bancraft* berichtete 1818 in seinen Färbebüchern davon, daß man in der Gegend um Halle den Waubau wie das Winterfeld bestellte. Das heißt, man säte ihn zwischen Ende Juli und Ende September ziemlich dick in gut gedüngte Felder, jätete eventuell im Frühjahr und erntete die Pflanze im Juli. Zum Färben verwendete man Stengel und Blüte. Mit dem Ende des Anbaus in großem Umfang ist der Färberwau in seiner Verbreitung stark zurückgegangen und in unserer Flora nur noch vereinzelt anzutreffen. Ähnlich verhält es sich auch mit anderen damals angebauten Färbepflanzen.

Zur gleichen Zeit färbte man häufig mit dem Essigbaum oder Hirschkolbensumach gelb.

In gleicher Weise versuchte man im 18. und 19. Jahrhundert die kleinen Sträucher der Echten Bärentraube und der Preiselbeere zu nutzen.

Interessant für den Pflanzenfärber ist die sorgfältige und intensive Verarbeitung aller Pflanzenteile im Interesse einer möglichst großen Farbausbeute, die *Edward Bancraft* folgendermaßen beschrieb: »Um die Blätter dieser beiden Gewächse so zu bearbeiten, daß sie als Stellvertreter des Sumachs benutzt werden können, ist es hinreichend, vor der Blüte die ganze Pflanze einige Zoll über dem Boden abzuschneiden, sie zu trocknen und dann zu dreschen, da dann die Blätter und Blattstiele sich leicht lösen und die gerbende Substanz darstellen. Man läßt sie nun entweder in einer Stampfmühle zerstoßen oder auf einer Lohmühle mahlen, damit ein ziemlich feines Pulver daraus entsteht, von derselben Art wie das des spanischen und italienischen Sumachs. Dieses Pulver kommt dem spanischen und italienischen Sumach sowohl in der Farbe als auch in allen übrigen Eigenschaften gleich und kann sowohl in der Gerberei als auch in der Färberei ganz als Stellvertreter desselben benutzt werden.« /15/

Aus den Kreuzdornbeeren stellte man zu dieser Zeit ein lebhaftes Gelb für Tafeldruckfarben beim Kattunfärben und die Malerfarbe Schüttgelb her. Im Volk war die Anwendung von Heidekraut, Ginster und Goldrute zur Gelbfärbung bekannt. Als sichere Möglichkeit zum Aufhellen blonder Haare und zum Gelbfärben galt seit langem die Verwendung von Kamillenblüten.

Für Rotfärbungen nutzte man die Blütenblätter der Färberdistel, die teilweise in den deutschen Staaten kultiviert wurde. Violett färbte man mit Heidelbeeren. Schwarze Farben wurden häufig aus Rinden gefärbt. Der Färber *Georg Wilhelm Hoelterhoff* beschreibt die Schwarzfärbung mit Erlenrinde so, daß man Eisenfeilspäne, Wasser, Erlenrinde abwechselnd in ein Faß gibt und dazu Essig und eine Abkochung von Roggenkleie bringt. Die Späne und die Rinde läßt man bei abgelassenem Wasser durchrosten und hat damit die zum Schwarzfärben notwendige Eisenbeize /16/.

Seit dem 16. Jahrhundert erweiterten sich die Handelsverbindungen Mittel- und Osteuropas kontinuierlich. Die Schwerpunkte bildeten der Handel mit dem Mittelmeergebiet, Indien und Amerika. Dadurch kamen die Farbhölzer Rotholz, Blauholz, Gelb- und Sandelholz nach Europa. Auch der Farbstoff Cochenille wurde seit dieser Zeit hier bekannt. Daraus folgten neue, einfachere Möglichkeiten des Färbens, die die einheimischen Färberrezepte teilweise verdrängten bzw. gemeinsam mit diesen angewendet wurden.

Die lettische Forscherin *Martha Bielenstein* berichtete 1935 davon, daß die Lettin die ihr etwa überlieferten 112 färbenden Pflanzen und 6 Farbstoffe anderer Art in der Anwendung mit importierten Farbstoffen vermischte, und arbeitete als typisch heraus, daß fremdländische Farbstoffe auch dann verwendet werden, wenn sie nicht unbedingt erforderlich sind /17/.

Die Arbeit mit Pflanzenfarbstoffen hat sich in der Hausfärberei Mittel- und Osteuropas bis in die Mitte des 19. Jahrhunderts in größerem Umfang erhalten. Beispielsweise zählte man noch im 19. Jahrhundert in den Geweben bestimmter Siedlungen in Bulgarien über 50 verschiedene Farben bzw. Farbnuancen. Man färbte Schwarz mit Erlen- oder Eschenrinde, der Salbei- und Waidpflanze, Holunderbeeren, Eichensprößlingen und Walnußhüllen. Gelb gewann man aus den Blättern und Stengeln von Zwiebeln, Zypressenwolfsmilch, Färberkamille, Nieswurz, Studentenblume, Hahnenfuß, Pfirsich, Safran, Walnuß, Besenginster. Zum Graufärben verwendete man die jungen Quittenblätter, für Rot die Wurzeln von Krapp und Dost, für Braun die Walnußhüllen, für Ölgrün die Blätter von Paprika und Waid und für Blau Indigo. Als Fixiermittel dienten die Lauge von gärendem Sauerkohl oder Birnensaft, Weinstein, braune Schlacke von Kohlen, Ablagerungen von Wetzstein und später auch Salzsäure, Salpetersäure, Alaun oder Eisen(2)sulfat.

Auch aus der Volkskunst der anderen mittel- und osteuropäischen Länder ist die Arbeit mit Pflanzenfarbstoffen bis in die Mitte des 19. Jahrhunderts bekannt. Die Slovakin *Holeczynova* führt für die häusliche Färberei in der Slovakei die Anwendung von Stroh und Safran zum Gelbfärben von Leinengarn, von Weiden-, Birken- und Fliederrinde zum Herstellen von Zitronengelb, von Dunkelbraun durch Eichenrinde, von Schwarz durch Pflaumen- oder Erlenrinde und von Rot durch Dost an /18/.

Später wurden synthetische Farbstoffe benutzt und teilweise mit bekannten älteren Rezepten vermischt.

Seit den 50er Jahren des 20. Jahrhunderts bemüht man sich um die Rückkehr zu Pflanzenfarbstoffen und damit verbundenen Mustern.

Auch aus Ungarn ist bekannt, daß man Farben kannte, die man zu Hause herstellen konnte, wie beispielsweise »ein Absud von Zwiebelschalen, grünen Nußschalen, Holzäpfelschalen, Holzbirnenschalen oder Galläpfeln« /19/.

Plangiarbeiten sind aus Ungarn und Schweden bekannt. In Ungarn banden die Blaufärber kleine Steinchen vor dem Färben in den Stoff ein. In der Slowakei ist das Einbinden von Textilflächen zwischen zwei Holzbrettchen, die anschließend ins Farbbad getaucht werden, Tradition.

Um 1900 wurden auf den Kolonialausstellungen in Holland erstmals in Europa indonesische Batiken gezeigt. Der exotische Reiz, die faszinierende Farbenpracht und Schönheit dieser Arbeiten und die ohnehin für diesen Zeitraum typische Suche nach neuen Wegen veranlaßten einen Teil der mittel- und osteuropäischen Kunstgewerbler zu Batikarbeiten. Es wurde versucht, die Batik den europäischen Verhältnissen anzupassen. Gebatikte Stoffe fanden als Abendkleider Gefallen und wurden 1904 am Berliner Hofe getragen. Während die Batik in Indonesien überwiegend die Musterung der künftigen Kleiderstoffe zum Ziel hat, erprobten die europäischen Batiker weitere Möglichkeiten der Gestaltung und Verwendung der Textilflächen. Batiken wurden in die innenarchitektonische Gestaltung einbezogen, wurden zu Decken, Kissenplatten, Vorhängen, Paraventen und anderem verarbeitet. Der Deutsche *Richard Dölker* (1896–1955) nutzte die Technik zwischen 1930 und 1955 zur Herstellung von gebatikten Wandbehängen.

Seit etwa 10 Jahren haben sich vor allem in Westeuropa eine Reihe von Textilschaffenden verstärkt der Batik zugewandt und arbeiten auf verschiedenste Weise mit dieser Technik /20/.

3. Arbeitsmittel

Zum Färben mit pflanzlichen Farbstoffen gehören folgende Arbeitsmittel:

Töpfe zum Beizen und Färben
Dazu eignen sich sehr gut Wäschekochtöpfe mit einer Größe von 15 bis 20 l. Wenn man häufig mit pflanzlichen Farbstoffen färbt, ist ein gesonderter Topf zum Beizen, zum Färben und für jedes Beizverfahren günstig. Im anderen Fall sollte man den Topf nach jeder Färbung oder Beize gründlich reinigen. Emailletöpfe verhalten sich neutral zur Färbung. Kupfer- oder Eisentöpfe beeinflussen die Färbung etwa wie Beizen. Sie können dadurch den Färbeprozeß zielgerichtet unterstützen. Ihre Anfertigung oder der Kauf sind aber nur dann zweckmäßig, wenn man häufig färbt. Ansonsten kann man sich so helfen, daß man, wenn das Färbebad in eine bestimmte Richtung gelenkt werden soll, ein Stück Kupfer oder Eisen in den neutralen Färbetopf legt.

Stäbe zum Bewegen des Färbegutes im Färbebad
Dazu eignen sich Holzlöffel oder Holzstäbe.
Gefäße zum Einweichen der färbenden Pflanzenteile (z. B. Steintöpfe oder Einweckgläser)
Küchenwaage zum Abwiegen der Pflanzenteile und des Färbegutes
Mörser, Schere, Messer, Sieb, Stampfer oder Küchenmaschine zum Zerkleinern oder Zerpressen der Pflanzenteile
Briefwaage zum Abwiegen der Chemikalien
Mull- oder Leinensäckchen in verschiedenen Größen zum Auskochen der Pflanzenteile
Gefäße zum Aufbewahren der getrockneten Pflanzenteile (z. B. Einkochgläser, Baumwollsäckchen oder Papiertüten)
Gefäße zum Aufbewahren von Resten eines Färbebades (z. B. Flaschen, Einkochgläser, dabei sollte man unbedingt auf eine sorgfältige Beschriftung der Gefäße achten)
Trichter zum Abfüllen des Färbebades
Meßbecher zum Abmessen des Wassers oder Färbebades
Thermometer mit einer Skalenanzeige bis 100 °C
Gummihandschuhe

Schreibzeug zum Notieren der Färbungen
Tüten zum Aufbewahren der Proben

Die Bilder 10 und 11 zeigen diese Arbeitsmittel.

Die im Handel erhältlichen industriell hergestellten Farbstoffe liegen häufig in Tablettenform vor. Sie sind im Interesse einer fleckenlosen, gleichmäßigen Färbung zuerst im Mörser zu zerkleinern. Anschließend löst man sie in einem kleinen Topf heiß auf und seiht die entstandene Farblösung ab. Dazu ist ein Tuch erforderlich, und man benötigt außerdem, wie bei der Arbeit mit pflanzlichen Farbstoffen, Schreibzeug zum Notieren der Färbung und Tüten zum Aufbewahren der Proben. Färbt man mit synthetischen Farbstoffen im Topf, sind Holzstäbe zum Bewegen des Färbegutes im Färbebad erforderlich.

Neben den herkömmlichen Arbeitsmitteln kann man zum Färben mit synthetischen Farbstoffen die Trommelwaschmaschine benutzen (vgl. Abschnitt 7.). Dadurch läßt sich der Aufwand für Färben und Spülen erheblich verringern.

4. 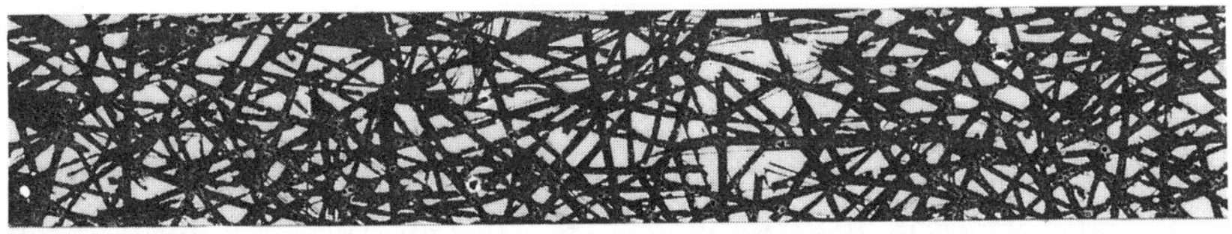

Arbeitsgegenstände

Die Arbeitsgegenstände oder das Färbegut sind die Garne und Textilflächen, die aus verschiedenen Fasern oder Fäden bestehen. Tabelle 4 enthält im Haushalt färbbare Faserstoffarten und Fasern oder Fäden, aus denen sie gewonnen oder hergestellt werden. Die Bilder 12, 13 und 14 zeigen pflanzliche und tierische Fasern und Fäden sowie Textilflächen aus im Haushalt färbbaren Chemiefasern und -fäden. Die Fasern und Fäden und die daraus hergestellten oder gewonnenen Faserstoffarten weisen unterschiedliche Beschaffenheit und damit verbunden unterschiedliche Eigenschaften im Färbeprozeß auf.

Tabelle 4. Im Haushalt färbbare Faserstoffarten und Fasern oder Fäden, aus denen sie gewonnen oder hergestellt werden

Hauptgruppe der Faserstoffarten	Ausgewählte Faserstoffarten und Fasern oder Fäden, aus denen sie gewonnen oder hergestellt werden
Pflanzliche Faserstoffe	Baumwolle – aus den Samenfasern der Baumwollpflanze Leinen, Hanf, Nessel, Jute – aus den Stengelfasern von Flachs, Hanf, verschiedener Nesselgewächse und der Jutepflanze
Tierische Faserstoffe	Schafwolle – aus den Wollen verschiedener Schafrassen Angorahaar, Kaschmirhaar – aus den Haaren der Angora- und der Kaschmirziege Alpakawolle – aus der Wolle des Alpakaschafes (eines Schafkamels) Raupenfaserstoffe (Bombyxfaserstoffe) – aus den Fäden der Seidenraupen des Maulbeerspinners Tussahfaserstoffe – aus den Fäden und Fasern der Seidenraupen verschiedener sogenannter wilder Spinner
Chemiefaserstoffe	Regeneratseiden (als Viskose-, Kuoxam- und Azetatseide bezeichnet) und Regeneratfasern (als Viskose-, Kuoxam- und Azetatfaser bezeichnet) – aus Zellulose hergestellte Seiden und Fasern Polyamidseide (PA-S) und Polyamidfaser (PA-F) – aus Rohmaterialien hergestellt, die keinem lebensgebundenen Wachstumsprozeß entstammen

Baumwolle ist das Samenhaar einer alten Kulturpflanze aus der Familie der Malven. Die Baumwollpflanze wächst im feuchttropischen und warmen Klima der gemäßigten Zonen. Die Baumwollhaare quellen ungefähr im September aus der reifen Frucht und werden dann gepflückt. Nach der Ernte wird die Baumwolle entkörnt und anschließend über Spinnen, Bleichen und Färben zu Garnen und Textilflächen verarbeitet.

Hauptbestandteil der Baumwolle ist Zellulose (ähnlich wie bei Holz). Die Faser erscheint, wenn man sie stark vergrößert, als schlauchartiges, plattgedrücktes, korkenzieherartig gewundenes Bändchen mit wulstigen Rändern.

Sie läßt sich im Haushalt sowohl mit pflanzlichen als auch mit synthetischen Farbstoffen färben. Das sehr lange Zellulosemolekül gibt der Baumwollfaser eine große Festigkeit und reagiert im Färbeprozeß träge. Deshalb nimmt die Baumwollfaser vor allem pflanzliche Farbstoffe langsam und nicht sehr intensiv an. Bei gleicher Vorbehandlung kann man deutliche Unterschiede zu Wolle oder Seide feststellen. Bild 15 enthält dazu ein Beispiel.

Synthetische Farbstoffe ziehen gut auf Baumwolle auf. Baumwolle kann problemlos bei Temperaturen um den Siedepunkt gefärbt werden.

Die anderen pflanzlichen Fasern, wie Flachs, Hanf, Nessel oder Jute, bestehen ebenfalls zum überwiegenden Teil aus Zellulose und weisen ähnliche Eigenschaften wie Baumwolle auf.

Wollen und Haare werden hauptsächlich vom Schaf, der Ziege und dem Kamel gewonnen. Das Schaf liefert den größten Teil der in der Welt verbrauchten Wolle. Es wird geschoren, das Vlies gereinigt, gekämmt, gesponnen und zu Garnen oder Textilflächen verarbeitet. Zum Färben kann man sehr gut Rohwolle, die man beim Schafhalter kaufen kann, verwenden.

Gute Wollen erkennt man daran, daß sie sich, wenn man eine Partie davon in die Hand nimmt und zusammenpreßt, nach dem Aufhören des Zusammenpressens wieder aufrichten und den vorherigen Raum einnehmen.

In der Qualität unterscheiden sich die Ein- und Zweischurwollen und die Wolle der einzelnen Körperteile des Schafes. Einschurwolle ist die Wolle von Schafen, die nur im Frühjahr geschoren werden. Zweischurwolle ist die Wolle von Schafen, die im Frühjahr und Herbst geschoren werden. Einschurwolle ist in der Regel länger und kräftiger als Zweischurwolle. Die Länge des Wollhaares beträgt in gestrecktem Zustand je nach Art des Schafes 4 bis 40 cm.

Gute Wolle ist die Wolle vom Rücken (Blatt) und den vorderen Seitenteilen (Flanken) des Schafes. Sie ist länger und nicht so verschmutzt wie Bauch-, Bein- oder Schwanzwolle.

Die Wolle ist in der Regel weiß oder gelblich-weiß. Andersfarbige Wollen, z. B. schwarze Wollen, kommen seltener vor.

Hauptbestandteil der Schafwolle ist der Eiweißstoff Keratin, der auch Haare, Fingernägel u. a. bildet. Stark vergrößert ist das Wollhaar eine hornartige, zylinderförmige Masse mit charakteristischer schuppenförmiger Oberfläche.

Ein Wollmolekül enthält 18 verschiedene Aminosäuren, die leiterartig durch Sprossen miteinander verbunden sind. Aus diesen Molekülketten setzen sich die

Protofibrillen, aus den Protofibrillen die Mikrofibrillen und aus den Mikrofibrillen die Spindelzellen als eigentliche Grundstruktur der Wollfaser zusammen. Der Fibrillenaufbau bewirkt, daß sich Wolle sowohl mit Säuren als auch mit Basen verbindet.

Schafwolle kann man sehr gut mit pflanzlichen und mit synthetischen Farbstoffen färben. Sie kann bei Temperaturen um den Siedepunkt gefärbt werden, ohne daß sie verfilzt, wenn sie beim Färben nicht bewegt wird. Wolle verfilzt nur dann, wenn mechanische Bewegung, Feuchtigkeit und Wärme gleichzeitig einwirken /21/. Das Färbebad bei Wollfärbungen sollte man möglichst langsam erhitzen und abkühlen. Am besten ist es, wenn man die Wolle kalt ins Bad legt und nach beendeter Färbung abgekühlt herausnimmt.

Alle bisher behandelten Fasern mußte man zur Fadengewinnung vereinigen (verspinnen). Die Raupe des Maulbeerspinners, einem Insekt aus der Familie der Nachtschmetterlinge, liefert bereits fertige Fäden von großer Schönheit, Festigkeit und Länge, die Seiden.

Echte oder reale Seide ist in der Regel die Seide des Maulbeerspinners. Alle anderen Seiden werden mit bestimmten Namenszusätzen versehen. Der Maulbeerspinner gedeiht nur in gleichmäßigem, warmem Klima, in dem auch seine Nährpflanze, der Maulbeerbaum, wächst. Die Heimat des Maulbeerspinners und der Seide ist China. Alle Versuche, ihn in früheren Jahren auch in Deutschland einzuführen, sind an dem ungeeigneten rauhen Klima gescheitert (beispielsweise die Kulturversuche *Friedrichs des Großen* in Berlin-Friedrichshagen). Mit dem Erscheinen der Maulbeerbaumblätter schlüpfen die Seidenraupen aus. Sie wachsen etwa 30 Tage, und danach beginnt das Verspinnen, d. h., die Raupe preßt aus zwei großen Spinndrüsen in ihrem Körperinnern die Seidenmasse hervor. Diese Masse preßt sie weiter durch zwei Spinnöffnungen an ihrem Kopf heraus, bewegt den Kopf dabei hin und her und wickelt mit den Füßen den Doppelfaden, der an der Luft rasch erhärtet, um sich. Nach etwa 10 bis 12 Tagen ist die Verpuppung abgeschlossen, d. h., die Raupe hat sich vollständig mit Seidenfäden umwickelt. Beim Ausschlüpfen würde sie das Fadengehäuse, den sogenannten Kokon, zerfressen und dadurch zerstören. Sie wird deshalb vorher mit Hilfe von Hitze getötet und der Kokon abgewickelt (abgehaspelt). Zur Gewinnung eines Kilogramms Haspelseide sind etwa 1300 Kokons erforderlich.

Seide besteht hauptsächlich aus Fibroin, das von Seidenleim oder Seidenbast Serizin umhüllt wird. Der Seidenleim bestimmt die natürliche Farbe und den Griff der Rohseide, die weißlichgelb bis goldbraun mit stumpfem Glanz sein kann und sich steif, rauh und derb anfaßt.

Die Seide kann durch Behandlung in Seifenlauge entbastet werden. Sie bekommt danach ihre charakteristische Weichheit, wird mild, biegsam und entfaltet den typischen Seidenglanz. Da die Seide beim Entbasten mit dem Seidenleim etwa 25 % ihrer Menge verliert, wird sie häufig anschließend in pflanzlichen oder metallischen Beschwerungsmitteln beschwert.

Seide nimmt jede Farbe sehr leicht auf. Man kann auf sehr weißer Seide klare und leuchtende Töne färben. Man färbt am besten bei Temperaturen von etwa

80 °C. Hier nimmt sie sowohl pflanzliche als auch synthetische Farbstoffe an. Um Knitter und Brüche zu vermeiden, sollte man Seide beim Färben ähnlich wie Schafwolle behandeln, d. h. Gleichzeitigkeit von mechanischer Bewegung, Feuchtigkeit und Wärme verhindern.

Neben der echten oder realen Seide gibt es sogenannte wilde Seiden, zum Beispiel die Seide des Tussahspinners, die Tussahseide. Diese Seiden stammen von Seidenspinnern, die nicht gezüchtet werden, sondern wild leben. Sie ernähren sich nicht von den Blättern des Maulbeerbaumes, sondern von denen anderer Bäume. Deshalb sind ihre Fäden in der Regel dicker und dunkler als die der echten Seiden. Die wilden Seiden weisen ähnliche Eigenschaften wie die echten Seiden auf und lassen sich ebensogut färben.

Gegenwärtig gibt es eine Vielzahl von Textilflächen aus Chemieseiden, Chemiefasern oder Mischungen von beiden mit natürlichen Fasern. Die Chemiesei-

Tabelle 5. Verhalten der ausgewählten Faserstoffarten im Färbeprozeß

Faserstoffart	Verhalten im Färbeprozeß
Baumwolle, Leinen, Hanf, Nessel, Jute	können mit synthetischen und mit pflanzlichen Farbstoffen gefärbt werden, reagieren langsam im Färbeprozeß, langsamere und nicht so intensive Farbaufnahme wie Wolle oder Seide, Färbung bei Temperaturen um den Siedepunkt möglich und notwendig
Schafwolle	kann mit synthetischen und pflanzlichen Farbstoffen gefärbt werden, leichtere und intensivere Farbaufnahme als Baumwolle, Leinen, Hanf, Nessel, Jute und die Regenerat- und Polyamidfaserstoffe, langsam erhitzen und abkühlen bei Färbungen um den Siedepunkt, nicht gleichzeitig stark erhitzen und bewegen
Raupenfaserstoffe	können mit synthetischen und pflanzlichen Farbstoffen gefärbt werden, leichtere und intensivere Farbaufnahme als Baumwolle, Leinen, Hanf, Nessel, Jute, die Regenerat- und Polyamidfaserstoffe und teilweise auch Schafwolle, reine und klare Farben können auf weißer Seide schnell erzielt werden, bei Temperaturen von etwa 80 °C färben, langsam erhitzen und abkühlen; damit die Seide nicht brüchig wird, sollte man sie ähnlich wie Schafwolle behandeln
Regeneratseiden- und -faserstoffe Polyamidseiden- und -faserstoffe	mit synthetischen und pflanzlichen Faserstoffen färbbar, langsame und nicht sehr intensive Farbaufnahme, Färbungen bei Temperaturen um den Siedepunkt möglich und notwendig

den und Chemiefasern werden nach chemischen Verfahren und mit chemischen Hilfsmitteln aus natürlichen oder synthetisch gewonnenen Ausgangsstoffen hergestellt. Chemieseiden sind ein endloser Faden aus einem oder mehreren Elementarfäden. Im Unterschied dazu bestehen die Chemiefasern aus in der Länge begrenzten, nach einem mechanischen Spinnverfahren zu bearbeitenden Fasern.

Im Haushalt färbbar sind die Chemieseiden und Chemiefasern, die aus Zellulose gewonnen werden, und von den aus Erdöl, Kohle, Kalk, Salz und Luft hergestellten Seiden und Fasern die Polyamidseiden und -fasern.

Die aus Zellulose hergestellten Seiden und Fasern werden als Regeneratseiden und -fasern bezeichnet, da die Zellulose erhalten bleibt und lediglich durch geeignete Behandlungen in einen verspinnbaren Zustand gebracht wird. Zu den Regeneratseiden und -fasern gehören die Viskose- und Kuoxamseide, die Viskose- und Kuoxamfasern, die Azetatseiden und Azetatfasern. Das international registrierte Warenzeichen für Textilflächen aus Regeneratseiden und -fasern, die den Qualitätsbedingungen der Kennzeichnungsrichtlinien des Warenzeichenverbandes für Kunststoffe der DDR entsprechen, ist »REGAN«. Im Welthandel ist für die auf Zellulosebasis hergestellten Viskose-, Kuoxam- und Azetatseiden auch die Bezeichnung »Reyon« üblich. Für die im Haushalt färbbaren Polyamidseiden und -fasern, die in der DDR produziert werden, ist »DEDERON« das international registrierte Warenzeichen. Sie werden entweder als Polyamidseide (PA-S) oder als Polyamidfaser (PA-F) hergestellt. Diese im Haushalt färbbaren Chemieseiden und -fasern nehmen sowohl pflanzliche als auch synthetische Farbstoffe an. Die Farbstoffe ziehen in der Regel schwächer auf als auf natürliche Fasern. Es ist bei Temperaturen um den Siedepunkt zu färben. Tabelle 5 faßt das Verhalten der ausgewählten Faserstoffarten im Färbeprozeß zusammen.

Beim Färben von Textilflächen aus Fasermischungen kann man sich folgendermaßen orientieren:

- Fasermischungen aus Natur- und nichtfärbbaren Chemiefasern können gefärbt werden, wenn der Anteil der Naturfasern größer als 50 % ist. Dabei färbt der Anteil der Naturfasern, und es entsteht eine Mischfarbe aus der ursprünglich vorhandenen und der angestrebten Farbe.
  Mit zunehmendem Naturfaseranteil tritt die angestrebte Farbe deutlicher hervor.
- Bei Färbungen von Fasermischungen sind die Pflegeeigenschaften der Textilflächen zu beachten.
  Fasergemische, die nicht gewaschen werden können, können nicht gefärbt werden. Fasergemische, die nicht heiß gewaschen werden können, können nicht bei Temperaturen um den Siedepunkt gefärbt werden.

Viele Textilflächen sind mit speziellen Ausrüstungen, wie Appreturen oder Imprägnierungen, versehen, die das Aufziehen des Farbstoffes behindern oder verhindern. Um diese Präparationen zu entfernen, sollte man das Färbegut vor dem Färben gründlich waschen. Imprägnierte Textilflächen, wie Wetterbekleidung, nehmen die Farbe in der Regel nicht oder nur sehr gering an.

5. Färbeprozess

Zum Färbeprozeß gehören das Vorbereiten der Farbstoffe und des Färbegutes, das Herstellen des Färbebades, das Färben und Nachbehandeln der gefärbten Garne und Textilflächen.

In der Regel färbt man, um sich eine bestimmte Farbe oder ein Muster in Farbharmonien zu schaffen. Dazu sollte man über Grundkenntnisse zur Farbmischung verfügen. Deshalb werden dem Färbeprozeß ausgewählte Grundlagen der Farbmischung vorangestellt. Der interessierte Leser kann zur Vertiefung seiner Kenntnisse die im Literaturverzeichnis angegebenen Quellen benutzen.

5.1. Grundlagen zur Farbmischung

Für den individuellen Färber sind aus der Vielzahl der mit der Farbmischung verbundenen Fragestellungen vor allem zwei Probleme interessant:
- Wie kann ich mir die gewünschte Farbe mischen?
- Wie kann ich beim Musterfärben so mischen, daß Farbharmonien entstehen?

Allgemein gibt es folgende Möglichkeiten, eine Farbe zu mischen:
1. Rot, Gelb und Blau sind Grundfarben oder Farben erster Ordnung. Sie lassen sich nicht mischen. Wenn man mit ihnen färben will, müssen sie als Farbstoff vorliegen.
2. Durch Mischen der Grundfarben oder Farben erster Ordnung ergeben sich die Farben zweiter Ordnung folgendermaßen: Gelb und Blau zu gleichen Teilen gemischt ergibt Grün. Blau und Rot zu gleichen Teilen gemischt ergibt Violett. Rot und Gelb zu gleichen Teilen gemischt ergibt Orange.
3. Die Mischung der Grundfarben Rot, Gelb und Blau zu gleichen Teilen bewirkt Schwarz. Schwarz kann man auch mischen, indem man entweder Rot und Grün oder Blau und Orange oder Violett und Gelb zu gleichen Teilen miteinander vermengt.
4. Ordnet man die Farben erster und zweiter Ordnung in einem Kreis an, dann komplettieren oder ergänzen sich immer die einander gegenüberliegenden Farben zu Schwarz. Sie werden deshalb als Komplementärfarben bezeichnet. Bild 16 zeigt die Anordnung der Farben in einem 12teiligen Farbkreis.

5. Mischt man die Grundfarben Rot, Gelb und Blau oder die Komplementärfarben zu ungleichen Teilen, dann erhält man die Farbe Grau. Man kann dem Grau eine ganz bestimmte Richtung geben, indem man eine Farbe erster oder zweiter Ordnung mehr oder weniger vorherrschen läßt. Beispielsweise erhält man ein Rotgrau, wenn man in der Mischung von Rot, Gelb und Blau doppelt so viele rote Farbstoffe wie gelbe oder blaue nimmt. So können unendlich viele Grautöne gefärbt werden.
6. Mischt man die Grundfarben Rot, Gelb und Blau mit den Farben zweiter Ordnung Grün, Orange, Violett, dann entstehen die Farben dritter Ordnung Rot- und Blauviolett, Blau- und Gelbgrün, Gelb- und Rotorange. Sie sind auch im 12teiligen Farbkreis enthalten.
7. Durch Zugeben von Weiß kann man alle Farben aufhellen und umgekehrt durch Zugabe von Schwarz oder Grau alle Farben verdunkeln. Dabei muß man vorsichtig zu Werke gehen, um den eigentlichen Charakter der Farbe zu erhalten. Der holländische Maler *Vincent van Gogh* /22/ hat auf dieses Problem hingewiesen, indem er schrieb: »Weiß ... ist Wasser im Wein der Farbe, und man darf nicht zuviel davon verwenden, damit Feuer darin bleibt und die Effekte nicht zu zahm werden und den Kram verwässern.«
8. Mit jeder Mischung von Farbstoffen nehmen Lichtreflexion und Farbigkeit ab. Man sollte sich deshalb bemühen, die gewünschte Farbe mit möglichst wenigen Mischungen herzustellen. Je mehr man mischt, um so mehr nimmt einerseits die Möglichkeit der Farbveränderung ab und nähern sich andererseits die erzielten Farben an Grau oder Schwarz an.
9. Die Helligkeit des Färbegutes wirkt wie die Zugabe von Weiß, Grau oder Gelb, d. h., ist das Färbegut ausgesprochen weiß, wird die Farbe heller und klarer ausfallen als auf gelblicheren Garnen und Textilflächen. Färbt man beispielsweise Baumwolle und Nessel parallel, wird die Farbe auf der Baumwolle immer heller erscheinen als auf dem Nessel. Beim Färben von ungebleichter, gewaschener Schafwolle ist in der Regel der mehr oder weniger intensive gelbliche Farbton in die Mischung einzubeziehen.

Farbharmonie heißt, einen angenehmen Zusammenklang zwischen den verschiedenen Farben herzustellen. Die Farbharmonie ist ein Prozeß von der Spannung zur Auflösung und Einigung der Farben. Eine Grundlage zur bewußten Herstellung von Farbharmonien ist die Kenntnis der Farbkontraste. Deshalb sollen die wichtigsten, von *Johannes Itten* zusammengestellten, im folgenden kurz erläutert werden /23/:

1. Farbe-an-sich-Kontrast
Der Farbe-an-sich-Kontrast entsteht dann, wenn Farben zusammengestellt werden, von denen keine in der anderen enthalten ist. Beispielsweise entsteht der stärkste Farbe-an-sich-Kontrast, wenn man die Grundfarben Rot, Gelb und Blau zusammenstellt. Dadurch entsteht ein Farbklang, der bunt, laut, spannungsreich und zerrissen ist. Diesen Eindruck kann man durch Hinzu-

Tabelle 6. Lichtwerte für die drei Grund- und die Komplementärfarben, bezogen auf den 12teiligen Farbkreis

Farbe	Lichtwert
Gelb	9
Rot	6
Blau	4
Violett	3
Grün	6
Orange	8

setzen von Schwarz und Weiß verstärken. Er läßt sich entspannen und zu einem Klang führen, wenn man allen Farben eine gemeinsame Farbe zumischt (z. B. Weiß oder Schwarz).

2. Hell-Dunkel-Kontrast
Der Hell-Dunkel-Kontrast geht davon aus, daß die Farben unterschiedliche Helligkeitswerte haben. *Johann Wolfgang von Goethe* ordnete die Helligkeiten und bestimmte sie durch Zahlen, die als Lichtwerte bezeichnet werden. Tabelle 6 enthält die Lichtwerte für die drei Grund- und die Komplementärfarben, bezogen auf den 12teiligen Farbkreis. Die Summe der Lichtwerte beträgt bei der Addition der Lichtwerte von Grund- und Komplementärfarbe jeweils 12.
Mit dem Hell-Dunkel-Kontrast kann man beim Färben von Garnen und Textilflächen folgendermaßen arbeiten:
   - Bestimmte Teile des Färbegutes lassen sich besonders betonen, indem sie in hellen Tönen gefärbt und unwichtigere Partien in mittleren oder dunkleren Tönen gehalten werden. Das resultiert daraus, daß eine Farbe im Zusammenklang mit anderen Farben um so passiver und ruhiger wirkt, je dunkler sie ist.
   - Ausgehend von den Lichtwerten kann man die Anteile bestimmen, die eine Farbe auf einer bestimmten Fläche oder in einer bestimmten Farbkombination haben soll, damit ein ausgewogener Eindruck entsteht. Arbeitet man

Tabelle 7. Zusammenhänge zwischen den Lichtwerten und Mengenanteilen der Farben in einem 12teiligen Farbkreis

	Farbkombinationen Gelb : Violett	Blau : Orange	Rot : Grün	Grün : Gelb	Rot : Orange	Blau : Violett
Lichtwerte	9 : 3	4 : 8	6 : 6	6 : 9	6 : 8	4 : 3
Mengenanteile	3 : 9	8 : 4	6 : 6	9 : 6	8 : 6	3 : 4

beispielsweise mit den Farben Gelb und Violett, so braucht man 9 Anteile Violett und nur 3 Anteile Gelb, um einen ausgewogenen Klang zu erreichen. Verwendet man mehr Gelb, wird der Klang lauter und dem Auge unangenehm.

Lichtwerte und Mengenanteile der Farben stehen in umgekehrtem Verhältnis. Tabelle 7 zeigt die Zusammenhänge zwischen Lichtwerten und Mengenanteilen in einem 12teiligen Farbkreis.

- Eine Zusammenstellung unterschiedlicher Farben gleicher Helligkeit ergibt immer einen harmonischen Farbklang.
  Beispielsweise wirkt die Zusammenstellung von Hellblau, Hellgrün und Hellrot harmonisch.

3. Komplementärkontrast

Der Komplementärkontrast beruht auf dem Phänomen, daß das menschliche Auge beim Betrachten von Farben immer nach der Einheit der drei Grundfarben sucht. Diese sind am intensivsten in der Zusammenstellung der Komplementärfarben enthalten.

Den Komplementärkontrast kann man beim Färben auf folgende Weise nutzen:

- Bei der Zusammenstellung von Komplementärfarben steigern sich diese in ihrer Wirkung. Arbeitet man mit Komplementärkontrasten, sollte man darauf achten, daß durch die Wahl geeigneter Helligkeiten und Reinheiten angenehme Klänge entstehen.
  Vincent van Gogh /22/, ein Meister in der Arbeit mit den Komplementärkontrasten, hat auf dieses Problem hingewiesen, indem er schrieb: »Wenn Komplementärfarben in gleicher Wertigkeit genommen werden, d. h. in gleicher Lebhaftigkeit und in gleicher Helligkeit, wird ihre Nebeneinanderstellung sie beide zu solch heftiger Intensität steigern, daß das menschliche Auge den Anblick kaum ertragen kann.«
  Man sollte deshalb die zusammenzustellenden Komplementärfarben immer in unterschiedlicher Reinheit oder Helligkeit verwenden.
- Die Suche des menschlichen Auges nach der Einheit der drei Grundfarben hat u. a. zur Folge, daß das Auge auf einer roten Textilfläche unwillkürlich nach der Komplementärfarbe Grün sucht. Bringt man auf diese Fläche ein graues Stück Textilfläche, dann erscheint dieses grün. Dieser Wirkung des Komplementärkontrastes kann man bewußt entgegenmischen. Auch auf dieses Problem hat *Vincent van Gogh* /22/ aufmerksam gemacht: »Was die eigentliche Farbe angeht, so wird ein Rotgrau verhältnismäßig wenig Rot je nachdem was daneben steht, mehr oder weniger Rot scheinen. Und so ist es mit Blau und ebenfalls mit Gelb. Man hat nur ganz wenig Gelb in eine Farbe zu tun, um sie Gelb wirken zu lassen, wenn man die Farbe zwischen oder neben (dunkel) violette oder (hell) lila Töne setzt.«

4. Qualitätskontrast

Unter Qualitätskontrast versteht man den Kontrast zwischen einer reinen Farbe (reine Farben sind die Farben erster, zweiter und dritter Ordnung) und vielen getrübten (d.h. mit Schwarz oder Weiß gemischten reinen Farben). Durch dieses Nebeneinander wird die Ausdruckskraft der reinen Farbe gesteigert. Es entstehen Spannungen zwischen leuchtend und matt bzw. zwischen aktiv und passiv. Beispielsweise liegt ein Qualitätskontrast vor, wenn man eine rote Textilfläche zwischen graue anordnet oder mit grauen Textilflächen versieht.

Ein wichtiges Hilfsmittel bei der Farbmischung ist die Zusammenstellung von Farben und Mischungen in einem Farbkreis oder in Farbtabellen, in denen man immer wieder »nachlesen« kann. Außerdem ist es günstig, sich vor jeder Färbung einen kleinen Teil der zu vermengenden Farbpigmente auf einem Stück Papier vorsichtig mit Wasser anzurühren. Man sieht dann relativ genau die voraussichtliche Farbe und kann verändern.

5.2. Vorbereiten der Farbstoffe

Die industriell hergestellten Farbstoffe sind im Handel als Tabletten oder Pulver erhältlich.

Die Tabletten bereitet man für das Färbebad vor, indem man sie mit dem Mörser zerstößt. Dann wird die gewünschte Farbe gemischt und das Pulver sorgfältig in heißem Wasser aufgelöst, bevor man es ins Färbebad gibt. Es ist wichtig, daß das Farbpulver möglichst vollständig gelöst wird, sonst entstehen durch noch vorhandene Krümel leicht Flecken auf dem Färbegut. Deshalb ist es empfehlenswert, die aufgelöste Pulvermischung dem Färbebad durch ein feines Sieb zuzusetzen. Das gilt auch für die bereits als Pulver gehandelten Farbstoffe.

Die Vorbereitung der pflanzlichen Farbstoffe ist umfangreicher. Sie umfaßt das Sammeln, Zerkleinern, Trocknen, Einweichen und Auskochen der färbenden Pflanzenteile.

Beim Sammeln sollte man sich an folgenden Grundsätzen orientieren:

- Unter Naturschutz stehende Pflanzen sind zum Färben nicht zu verwenden. In Naturschutzgebieten sammelt man nicht.
- Rinden nimmt man nur von toten oder gefällten Bäumen. Man kann sie zu jeder Jahreszeit sammeln. Ihr Färbevermögen schwankt in Abhängigkeit von der Jahreszeit und dem Alter der Bäume. Beispielsweise färbt die Rinde von im Frühjahr gefällten oder umgefallenen jungen Birken intensiver als von im Herbst gefällten älteren Bäumen.
  Man schält die Rinde am besten gleich vor Ort mit einem Messer sorgfältig ab.
- Blätter, Kräuter und Blüten sammelt man, wenn sie voll entwickelt sind bzw. kurz vor ihrer vollen Entfaltung stehen. Sie haben dann die größte Färbkraft.
- Wurzeln sind vor der Blüte auszugraben. Später ist ein Teil ihres Färbevermögens verlorengegangen.
- Fruchtschalen, z. B. Walnuß- oder Kastanienhüllen, nimmt man kurz vor der Fruchtreife.

- Flechten kann man das ganze Jahr über sammeln.
- Beim Sammeln sollte man den Fortpflanzungsrhythmus in der Natur beachten und vermeiden, daß eine Pflanze an einem Standort vernichtet wird. Benötigt man eine größere Menge von Pflanzenteilen, sammelt man diese an mehreren Standorten oder prüft, inwieweit sie als Drogen oder Extrakte in Reformhäusern und Apotheken zu kaufen sind. Tabelle 8 gibt einen Überblick über ausgewählte Pflanzenteile, die man in Reformhäusern oder Apotheken kaufen kann.

Rinden, Blätter, Kräuter und Fruchtschalen zerkleinert man möglichst gleich nach dem Sammeln grob mit einer größeren Schere oder einem Messer. Das ist deshalb günstig, weil die Pflanzenteile frisch biegsamer, weicher und elastischer sind und der Zeit- und Kraftaufwand für diese Arbeit so am geringsten ist. Blüten, Wurzeln und Flechten zerkleinert man nach dem Trocknen. Sie können in der Regel gleich fein zerkleinert werden. Zur Feinzerkleinerung, die sich auch an die Grobzerkleinerung der Rinden, Blätter, Kräuter und Fruchtschalen anschließen sollte, kann man die elektrischen Haushaltsgeräte, wie Schlagmühle oder Kaffeemühle, nutzen.

Blüten, die zerkleinerten Rinden und Pflanzenteile und die Flechten trocknet man, indem man sie auf einem entsprechend großen Papierstück auslegt, mehrfach wendet und so lange liegen läßt, bis sie ganz ausgedörrt sind. Das kann für die einzelnen Pflanzenteile unterschiedlich lange dauern (beispielsweise für Blü-

Tabelle 8. Zusammenstellung ausgewählter Pflanzenteile, die man in Apotheken, Drogerien und Reformhäusern erhalten kann

Pflanzenteil	Art und Weise, in der man den Pflanzenteil erhalten kann
Bärentraubenblätter	getrocknet und zerkleinert, flüssig als Pflanzenkonzentrat
Birkenblätter	getrocknet und zerkleinert, flüssig als Pflanzenkonzentrat
Eichenrinde	getrocknet und zerkleinert
Isländisch Moos	getrocknet und zerkleinert
Johanniskraut	getrocknet und zerkleinert flüssig als Pflanzenkonzentrat
Kamille	getrocknet und zerkleinert, flüssig als Pflanzenkonzentrat
Schachtelhalm	getrocknet und zerkleinert
Schafgarbe	flüssig als Saft

ten etwa eine Woche). Man sollte sich vor dem vorzeitigen Abbruch des Trocknungsprozesses hüten, da die Pflanzenteile sonst bei der späteren Lagerung leicht zu schimmeln anfangen. Wenn man nicht gleich anschließend färbt, bewahrt man die getrockneten, zerkleinerten Pflanzenteile in verschließbaren Behältern (gut geeignet sind Gläser, Leinensäckchen u. a.) bis zum Gebrauch auf. Hat man sehr viele Pflanzenteile gesammelt, ist es auch günstig, diese gleich in gut beschrifteten Schuhkartons oder Obsthorden auszulegen, zu trocknen und aufzubewahren. Bei längerer Lagerung empfiehlt es sich, die getrockneten Bestände ab und an auf Fäulnisprozesse zu kontrollieren.

Durch Einweichen und Auskochen werden die färbenden Substanzen gelöst und aus den Pflanzenteilen herausgezogen. In alten Färberezepten wird die Notwendigkeit des gründlichen Zerkleinerns und Einweichens der Pflanzenteile vor dem Färben immer wieder betont. Deshalb ist vor dem Einweichen zu prüfen, ob die Pflanzenteile soweit als möglich zerkleinert vorliegen oder sich eine weitere Feinzerkleinerung (Pulverisieren, insbesondere bei Wurzeln) anbietet.

Wurzeln, Rinden und Flechten sind unbedingt einzuweichen. Aus ihnen lassen sich die Farbstoffe besonders schwer herauslösen. Das Einweichbad läßt man eine oder mehrere Nächte stehen und verwendet es im Färbebad mit. Einweichen kann man gut in Glasgefäßen oder Tontöpfen.

Zum Auskochen benutzt man je nach dem Umfang der Pflanzenteile genau so viel Wasser, wie später zum Färben erforderlich ist, oder füllt im Färbebad auf. Die Auskochzeiten sollte man ungefähr bei 2 bis 3 Stunden ansetzen. Nach dem Auskochen seiht man die Pflanzenteile ab. Man kann sich diese Arbeit dadurch erleichtern, indem man die auszukochenden Pflanzenteile in kleine Beutel aus Mull einlegt und so auskocht. Dann ist anschließend wenig abzuseihen, und man kann die Beutel im Interesse großer Farbstoffausbeute auch sehr gut ausdrücken.

5.3. Vorbereiten des Färbegutes

Das Färbegut wird durch mechanische und chemische Behandlung für die Farbstoffe aufnahmefähig gemacht. Die mechanische Behandlung umfaßt das Waschen und die chemische Behandlung das Beizen und Bleichen.

Schafwolle, Seide, Baumwolle, die Regeneratseiden und -fasern und die Polyamidseiden und -fasern lassen sich folgendermaßen vorbereiten (Tabelle 9 faßt die dazu erforderlichen Arbeiten zusammen).

Vorbereitung von Schafwolle auf den Färbeprozeß

Die Wolle, wie sie vom Schaf geschoren wird, enthält 30 bis 80 % Schweiß, Erde und Kletten (Pflanzenteile), die vor dem Färben entfernt werden müssen.

Der erste Schritt dazu ist die Wollwäsche. Hier werden Schmutz und Schweiß eingeweicht, aufgelöst und weggespült. Eine Besonderheit der Vorbereitung von Schafwolle auf den Färbeprozeß besteht darin, daß durch die Wollwäsche nicht nur Schmutz, sondern auch ein wesentlicher Teil Wollschweiß entfernt wird.

Tabelle 9. Arbeiten zur Vorbereitung des Färbegutes

Färbegut	mechanische Vorbereitung	chemische Vorbereitung
Schafwolle	mehrmalige Wollwäsche, bei stark verschmutzter Wolle mit Soda oder Natronlauge	Beizen mit pflanzlichen und auf chemischem Wege hergestellten Beizmitteln
Baumwolle	einmalige Wäsche mit chlorhaltigem Waschmittel	Beizen mit pflanzlichen und auf chemischem Wege hergestellten Beizmitteln
Seide	vorsichtig mit einem Feinwaschmittel waschen	vorsichtige Beize mit pflanzlichen und ausgewählten, auf chemischem Wege hergestellten Beizmitteln
im Haushalt färbbare Chemiefasern und -fäden	Wäsche mit chlorhaltigem Waschmittel, vor allem bei Regeneratfasern und -seiden	Beizen mit pflanzlichen und auf chemischem Wege hergestellten Beizmitteln

Je mehr Schweiß die Wolle beim Färben enthält, um so gedämpfter fallen die Farben aus. Auf ungenügend gewaschener Wolle neigen die Färbungen zum Abschmieren. Das Entschweißen der Wolle bei der Wäsche beruht auf folgenden Reaktionen: Die in der Schafwolle enthaltenen Fettsäuren können entweder durch Zugabe von Kalilauge zu weichen Seifen, den Schmierseifen, oder durch Zugabe von Natronlauge zu harten Seifen, den Kernseifen, verseift werden. Dieser Prozeß wird durch Erwärmen oder Erhitzen in Gang gesetzt.

Das bedeutet, man kann die Schafwolle waschen, indem man sie ohne Zusätze in langsam immer wärmer werdenden Wasserbädern in einem geeigneten Gefäß (z. B. Steintopf, Schüssel, Duschtasse, Badewanne) vorsichtig mit den Händen durchdrückt, mit einem Wäschestampfer kurz staucht oder am besten mit den bloßen Füßen durchtritt. Dabei sieht man, wie sich die Schmierseifen bilden und gleichzeitig verhakelte Pflanzenteile lockern. Dann läßt man sie mehrere Stunden, am besten über Nacht, eingeweicht stehen.

Man wäscht die Wolle so oft, bis sie ausreichend sauber ist. Sehr stark verschmutzte Wolle kann man mit Soda oder Natronlauge waschen. Noch vorhandene festgehakelte Pflanzenteile entfernt man mit der Hand. Dann wird die Wolle geschleudert und zum Nachtrocknen ausgelegt. Dazu kann eine Hängematte sehr gute Dienste leisten. Entsprechend ihrem künftigen Verwendungszweck bleibt die Wolle lose oder man läßt sie vor dem Färben noch krempeln oder spinnen. Bild 17 zeigt gewaschene lose, gekrempelte und gesponnene Wolle.

Es ist interessant, daß die Vorbereitung der Wolle auf das Färbebad schon zu anderen Zeiten und in anderen Ländern prinzipiell ähnlich gehandhabt wurde und wird.

Beispielsweise beschreibt der Färber *Georg Wilhelm Hoelterhoff* in dem vollständigen praktischen Handbuch der Kunstfaerberei... /24/ die Wollwäsche folgendermaßen:

»Zuerst wird sie (die Wolle – d. Verf.) geschlagen..., bis sie locker geworden ist und keinen Staub mehr von sich giebt. Dann werden 38 Pfund sortierte Wolle, welche zu einem Stück Tuch von 37 bis 38 Brabanter Ellen (eine Brabanter Elle entspricht 0,694 m – d. Verf.), das 2 Ellen breit ist, gehören, abgewogen, in einen Kübel gelegt und warmes Wasser daraufgegossen... Wann sie eine Nacht in dem Wasser geweicht hat, wird sie herausgenommen, und auf Breter gelegt, damit das Wasser ablauft. Nun schöpfet man nach dem Verhältnis der 38 Pfund Wolle drei Theile Wasser in einem Kessel, gießt den vierten Theil Urin darunter, und macht dieses Gemisch heiß. Hernach wird die Wolle auf der Wollwasche darin gewaschen... unterdessen erhitzt man in einem Kessel eine schwache Lauge. Wann nun alle 38 Pfund in dem Gemisch von Wasser und Urin gewaschen worden sind, so wascht man sie noch einmal ebenfalls theilweise in dieser Lauge. Da braucht man sie aber nicht zu ringen: sondern legt sie naß auf eine Horde, daß die Nässe ablauft...

Die gewaschene Wolle legt man nun in einen Spülkorb und senkt denselben bei der Spühle in das Wasser. Dieser Korb besteht aus einem Geflechte von starken Weiden. Er ist rund, 4 Fuß hoch und 2 Fuß im Durchschnitt weit, hat an dem obern Rand 2 starke Handgriffe, und damit der Boden nicht herausfallen, und er bei dem Einsenken in das Wasser und bei dem Herausziehen nicht beschaedigt werden kann, sind unter denselben zwei 3/4 Zoll dicke und 1 1/4 Zoll breite Reife kreuzweise übereinander geflochten, und laufen zwischen beiden Handgriffen auswendig in die Höhe, wo sie in den Rand hineingeflochten sind. In diesem Korbe bearbeitet man die Wolle mit dem Spülharken ungefaer 5 Minuten lang, nimmt ihn dann aus dem Bache heraus und laeßt das Wasser rein ablaufen.«

Aus Bulgarien ist bekannt, daß man auch heute noch die Wollwäsche beginnt, indem man die Wolle mit heißem Wasser übergießt, sie in ähnlichen Abläufen wäscht und in einem länglichen und seichten Korb, dem sogenannten Pulpas, ausspült.

An die Wäsche schließt sich die Beize der Wolle an. Sie ist für das Färben mit vielen pflanzlichen Farbstoffen eine entscheidende bzw. die entscheidende Voraussetzung dafür, daß sich später eine Farbe bildet. Das gilt auch für die Vorbereitung von allem anderen Färbegut. Die Wolle wird dabei mit den Beizmitteln, d. h. solchen Substanzen, die beim Färben eine unlösbare Verbindung zwischen Faser und Farbstoff vermitteln, getränkt. Die Beizmittel können pflanzlichen oder chemischen Ursprungs sein. Bekannte pflanzliche Beizmittel sind Sauerampfer und Galläpfel. Die traditionellen und wirksamsten, auf chemischem Wege hergestellten Beizmittel sind Alaun, Kupfer(2)sulfat, Eisen(2)sulfat, Kaliumbichromat und Weinsäure. Bild 18 zeigt ausgewählte Beizmittel. Die Tabellen 10 und 11 enthalten die Zusammensetzung und die wichtigsten Wirkungen der ausgewählten pflanzlichen und auf chemischem Wege hergestellten Beizmittel.

Tabelle 10. Zusammensetzung und Wirkungsweise der pflanzlichen Beizmittel

Bezeichnung des Beizmittels	Zusammensetzung	Aussehen/Wirkung
Sauerampferbeize	enthält Oxalsäure	Oxalsäure verbindet sich mit den Farbstoffen zu Oxalaten
Galläpfelbeize	enthält Digallusgerbsäure $C_{14}H_{10}O_9$ zu etwa 50 % (in Tannin enthalten)	Tannin dient zur Befestigung basischer Farbstoffe auf der Faser

Tabelle 11. Zusammensetzung und Wirkungsweise der auf chemischem Wege hergestellten Beizmittel

Bezeichnung des Beizmittels	Zusammensetzung	Aussehen/Wirkung
Alaun	Kaliumaluminiumsulfat $KAl(SO_4) \cdot 12\,H_2O$	Alaun bildet weiße, häufig faustgroße Kristalle, Aluminiumsulfat verbindet sich mit den Farbstoffen zu Farblacken
Kupfer(2)sulfat	$CuSO_4 \cdot 5\,H_2O$	Kupfersulfat bildet leuchtend blaue Kristalle, sehr stark giftig, Kupfersulfatbeize gibt den Farben einen Grünton
Eisen(2)sulfat	$FeSO_4 \cdot 7\,H_2O$	Eisensulfat bildet hellgrüne Kristalle, bewirkt eine Veränderung der Farben ins Graue
Kaliumbichromat	$K_2Cr_2O_7$	Kaliumbichromat ist ein orangerotes Salz, wirkt ätzend, ist giftig, wie Kupfersulfat mit großer Vorsicht behandeln
Weinsäure	$C_4H_6O_6$	weiße Kristalle, bewirkt bzw. unterstützt Rotfärbungen mit pflanzlichen Farbstoffen

Man beizt entweder vor oder gleichzeitig mit dem Färben. Beizen vor dem Färben ermöglicht eine bessere Ausnutzung des Beizbades dadurch, daß die Wolle entweder im verkühlten Bad liegen bleiben kann oder, in ein feuchtes Tuch eingeschlagen, vor dem Färben noch mehrere Tage lagern kann. Das bewirkt in der Regel intensivere Farben. So empfiehlt es beispielsweise auch *Fr. Röver* /25/ in seiner Sammlung »Der Hausfreund auf dem Lande«: »Da das Beitzen der Wolle überaus wichtig ist, wenn sie haltbar Stoffe annehmen soll, so muß dieses vorher schon geschehen, ehe sie in die Farbebrühe gebracht wird.«

Verbindet man Beiz- und Färbebad miteinander, so hat man den Vorteil einer erheblichen Zeiteinsparung. Das Beizbad sollte soviel Flüssigkeit enthalten, daß die Wolle davon gut bedeckt ist und sich bequem bewegen läßt. 100 g Wolle kann man gut in 5 bis 8 l Wasser beizen.

Abhängig von der Konzentration der Beizbäder ziehen die Farbstoffe mehr oder weniger stark und haltbar auf. Bei hoher Konzentration der Beizbäder kann man intensivere Farben färben als umgekehrt. Überdosierungen der Beizbäder sollte man vermeiden, da diese die Fasern schädigen (beispielsweise wird Seide in zu starken Alaunbeizbädern spröde und stumpf). Tabelle 12 enthält mögliche Mengenverhältnisse für Beizbäder mit 100 g Wolle.

Mit den auf chemischem Wege hergestellten Beizmitteln beizt man vor dem Färben folgendermaßen:

- die erforderliche Wassermenge in den Beiztopf füllen,
- das Beizmittel in warmem Wasser auflösen und dazugeben,
- die zu beizende Wolle anfeuchten und dazulegen,
- die Beize langsam zum Kochen bringen und das Bad etwa 1 bis 2 Stunden köcheln lassen,
- die Wolle im Beizbad verkühlen lassen,
- die Wolle aus der Beize nehmen, abtropfen lassen und ohne zu spülen dem Färbebad zugeben bzw., wenn man nicht gleich färbt, die gebeizte Wolle feucht lagern.

Beizt man im Färbebad, gibt man das aufgelöste Beizmittel zum Färbebad dazu. Die Beizbäder sind nur einmal zu verwenden.

Tabelle 12. Orientierungswerte für die Zusammensetzung der Beizen je 100 g Schafwolle oder anderes Färbegut

Art der Beize	Orientierungswert für die Menge des zu lösenden Beizmittels
Alaunbeize	5–20 g Alaun
Kupfer(2)sulfatbeize	5–10 g Kupfer(2)sulfat
Eisen(2)sulfatbeize	5–10 g Eisen(2)sulfat
Kaliumbichromatbeize	5–10 g Kaliumbichromat
Weinsäurebeize	5–20 g Weinsäure
Sauerampferbeize	300–500 g frischer Sauerampfer

Die auf chemischem Wege hergestellten Beizen waren bei den hochentwickelten Kulturvölkern seit der Zeit, als die Färberei in Manufakturen durchgeführt wurde, bekannt. Nebenher gebrauchte man für bestimmte Farben pflanzliche Beizmittel. Dort, wo die Färberei als Hausfärberei erfolgte, sind erst im 18. und 19. Jahrhundert die auf chemischem Wege hergestellten Beizen zu den ursprünglich pflanzlichen Beizen hinzugekommen. Ähnlich wie im Gebrauch der natürlichen und synthetischen Farbstoffe, wurde beides vielfach nebeneinander und zusammen verwendet. *Martha Bielenstein* berichtet beispielsweise aus Lettland von der Beizung mit Birkenasche, tierischer Jauche und Urin, von der Nutzung saurer Milch oder sauren Dünnbiers und von beizenden Pflanzen gemeinsam mit den auf chemischem Wege hergestellten Beizen /17/.

In Bulgarien wurden als Fixiermittel häufig die Lauge von gärendem Sauerkohl oder Birnensaft benutzt. Alaun und Eisen(2) sulfat kamen erst sehr spät zur Anwendung.

Vorbereitung von Baumwolle auf den Färbeprozeß

Die mechanische Vorbereitung von Baumwolle auf den Färbeprozeß ist einfacher als die von Schafwolle.

Um Appreturen oder eventuelle Verschmutzungen der Garne oder Textilflächen zu beseitigen, wäscht man sie vor dem Färben. Es ist günstig, dazu chlorhaltige Waschmittel zu verwenden oder dem normalen Waschwasser Kochsalz zuzusetzen, da diese Mittel bleichen und dadurch eine bessere Farbaufnahme bewirken.

Beizt man Baumwolle wie Schafwolle, nimmt sie auch pflanzliche Farbstoffe an, allerdings immer in helleren Farben als Wolle. Das resultiert daraus, daß die Zellulose, aus der Baumwolle zu über 90 % besteht, gegenüber Alkalien unempfindlicher reagiert als Wolle. Wenn man sich auf diese Tatsache einstellt, kann man mit den in Tabelle 10 angegebenen Konzentrationen beizen.

Vorbereitung von Seide auf den Färbeprozeß

Seide wäscht man vor dem Färben sorgfältig mit einem Feinwaschmittel bei Temperaturen von 60 bis 80 °C, um Verschmutzungen zu entfernen.

Sie läßt sich sehr gut mit Alaun, Kupfer(2)sulfat und Eisen(2)sulfat, Weinsäure, aber auch mit Sauerampfer und Galläpfeln beizen. Die Seidensubstanz, das Fibroin, zieht begierig Wasser, viele Metallsalze, Tannin, Essigsäure und Alkohol an sich. Wenn man die in Tabelle 12 angegebenen Mengen als Orientierung nimmt, kommt man in der Regel mit den niedrigsten Konzentrationen gut aus. Kaliumbichromat ist nicht als Beize für Seide zu verwenden, da es sehr stark ätzend wirkt und bei längerer Einwirkung zuerst den Seidenleim und später das Fibroin zerstört.

Vorbereitung von Regeneratseiden und -fasern und Polyamidseiden und -fasern auf den Färbeprozeß

Färbegut aus diesen Fasern kann mit chlorhaltigen Waschmitteln gewaschen und anschließend mit allen in Tabelle 10 und 11 aufgeführten Beizmitteln behandelt werden.

Man kann dazu die Orientierungswerte aus Tabelle 12 verwenden.

5.4. Herstellen des Färbebades – Färben

Das Färbebad entsteht beim Färben mit pflanzlichen Farbstoffen durch Auffüllen der Einweich-, Koch- oder Beizbäder mit der erforderlichen Wassermenge. Beim Färben mit synthetischen Farbstoffen kommt es durch Einfüllen des Wassers, Auflösen des Farbstoffes in heißem Wasser und Zugabe des aufgelösten Farbstoffes zustande (vgl. Abschnitt 5.2.).

In das auf diese Art und Weise bereitete Färbebad wird das Färbegut eingelegt.

Nach der Art des Einlegens und Färbens unterscheidet man die verschiedenen Färbungsarten Direkt-, Beizen- und Entwicklungsfärbung, Färbung im geräumigen Färbebad und die Schicht- oder Kontaktfärbung.

Bei der Direktfärbung wird das Färbegut ohne Vorbehandlung in das Färbebad eingelegt. Die Farbstoffe ziehen nur durch den Färbeprozeß auf. Direkt färbt man vor allem mit synthetischen Farbstoffen. Diese Färbungsart findet aber auch für ausgewählte pflanzliche Farbstoffe Anwendung.

Bei der Beizenfärbung wird das Färbegut nach einer zuvor erfolgten Beize oder zusammen mit dem Beizmittel ins Färbebad gegeben. Der Beizprozeß hat entweder vor dem Färben stattgefunden, oder beides wird miteinander verbunden. Die Beizenfärbung ist für pflanzliche Farbstoffe typisch.

Tabelle 13. Färbungsarten und deren Anwendung

Färbungsart	Vorgehen beim Färben	Anwendung
Direktfärbung	Färben ohne Vorbehandlung des Färbegutes	synthetische Farbstoffe, ausgewählte pflanzliche Farbstoffe
Beizenfärbung	Färben nach vorheriger Beize oder Zugabe des Beizmittels zum Färbebad	pflanzliche Farbstoffe
Entwicklungsfärbung	Einlegen des gebeizten oder ungebeizten Färbegutes ins Färbebad, nach dem Färben den aufgelösten Entwickler ins Färbebad geben und den Färbeprozeß als Entwicklungsprozeß zu Ende führen	pflanzliche Farbstoffe
Färbung im geräumigen Färbebad	Färbegut wird in soviel Flüssigkeit eingelegt, daß es darin während des Färbens gut schwimmen kann	pflanzliche und synthetische Farbstoffe
Schicht- oder Kontaktfärbung	Färbegut und färbende Pflanzenteile werden abwechselnd lagenweise in den Färbetopf gegeben und mit Wasser aufgefüllt	pflanzliche Farbstoffe

Bei der Entwicklungsfärbung kann das Färbegut sowohl gebeizt als auch ungebeizt ins Färbebad gegeben werden. Es wird gefärbt, das Färbegut aus dem Färbebad genommen, der Entwickler unabhängig vom Färbebad aufgelöst und dazugegeben, das Färbegut sorgfältig wieder eingelegt und der Färbeprozeß als Entwicklungsprozeß fortgesetzt. Entwicklungsfärbungen verwendet man vor allem beim Färben mit pflanzlichen Farbstoffen.

Bei der Färbung im geräumigen Färbebad wird das Färbegut in soviel Flüssigkeit eingelegt, daß es darin während des Färbens gut schwimmen kann. Im geräumigen Färbebad färbt man sowohl mit pflanzlichen als auch mit synthetischen Farbstoffen.

Bei der Schicht- oder Kontaktfärbung werden Färbegut und färbende Pflanzenteile schicht- oder lagenweise in den Färbetopf gegeben und der Topf anschließend mit Flüssigkeit aufgefüllt. Als Schicht- oder Kontaktfärbung färbt man nur mit Pflanzenfarbstoffen.

Tabelle 13 charakterisiert zusammenfassend die Färbungsarten und deren Anwendung. Die Direkt-, Beizen- oder Entwicklungsfärbung wird immer entweder als Färbung im geräumigen Färbebad oder als Schicht- oder Kontaktfärbung durchgeführt.

Die entstehende Farbe wird durch die im Topf oder in der Waschmaschine vorhandene Flüssigkeitsmenge, die Färbetemperatur, die Zusätze, die Färbezeit, die Bewegung des Färbegutes im Färbebad und die Entwicklung beeinflußt.

Es bestehen folgende Zusammenhänge:

1. Zusammenhang zwischen der Flüssigkeitsmenge und der entstehenden Farbe
   Allgemein gilt der Grundsatz, daß man im Interesse einer gleichmäßigen Farbe soviel Flüssigkeit im Färbegefäß haben muß, daß das Färbegut darin gut schwimmen kann. Färbt man im Topf, dann rechnet man auf 100 g des eingelegten Färbegutes etwa 8 bis 10 l Flüssigkeit. Bei Färbungen in der Trommelwaschmaschine geht man von einem Fassungsvermögen der Waschmaschine von 20 l Flüssigkeit aus und berechnet die zuzugebende Menge Färbegut entsprechend (vgl. Abschnitt 9).
   Verwendet man zu wenig Flüssigkeit, kann das ein ungleichmäßiges Aufziehen der Farbe zur Folge haben.
2. Zusammenhang zwischen der Färbetemperatur und der entstehenden Farbe
   Temperaturempfindliches Färbegut, wie Schafwolle oder Seide, gibt man grundsätzlich gut angefeuchtet in das kühle Farbbad, erhitzt dann langsam etwa in einer halben Stunde auf die gewünschte Temperatur und färbt dann bei dieser Temperatur. Hat das Färbebad aber schon eine bestimmte Temperatur erreicht und will man ein nochmaliges Abkühlen vermeiden, erwärmt man unabhängig davon das Färbegut in in der Temperatur ansteigenden Wasserbädern auf die gewünschte Temperatur. So kann man ein Erschrecken des Färbegutes und daraus resultierende Faserveränderungen, wie Verfilzen, vermeiden. Durch Färbungen um den Siedepunkt erreicht man vor allem bei

synthetischen Farbstoffen die höchste Intensität und Beständigkeit der Farbe. Am Ende der Kochzeit verfährt man bei temperaturempfindlichem Färbegut wie am Beginn des Färbens, d.h., man läßt das Bad langsam mit dem Färbegut verkühlen. Färbt man bei niedrigeren Temperaturen, d.h. etwa bei 60 bis 70 °C, dann erreicht man bei gleicher Farbstoffmenge in der Regel hellere und nicht so beständige Farben. Färbungen in diesem Temperaturbereich sind aber bei solchen Farbstoffen notwendig, deren Farbe sich bei Temperaturen um den Siedepunkt ändern würde. Ein typisches Beispiel dafür ist die Färbung mit Kermesbeeren (vgl. Abschnitt 6.4.).

Kaltfärbungen, d.h. Färbungen im Temperaturbereich bis 50 °C, sind nur bei ausgewählten Farbstoffen anwendbar. Sie bewirken bei pflanzlichen Farbstoffen, auch wenn man sie mit einer Verlängerung der Färbezeit koppelt, in der Regel hellere Farben als Heißfärbungen mit der gleichen Farbstoffmenge. Für synthetische Farbstoffe sind sie im allgemeinen nicht zu empfehlen, wenn diese nicht speziell auf Kaltfärbungen ausgerichtet sind. Kaltfärbungen sind eine entscheidende Voraussetzung zum Batiken (vgl. Abschnitt 8.4.).

3. Zusammenhang zwischen den Zusätzen und der entstehenden Farbe
Die Zusätze, wie Kochsalz oder Essigsäure, in verschiedenen Konzentrationen bewirken vor allem beim Färben mit synthetischen Farbstoffen ein schnelleres und intensiveres Aufziehen der Farbstoffe. Tabelle 14 charakterisiert Zusammensetzung und Wirkungsweise der Zusätze. Sie verstärken aber auch beim Färben mit pflanzlichen Farbstoffen bestimmte Farben.
4. Zusammenhang zwischen der Färbezeit und der entstehenden Farbe
Die Färbezeit sollte im allgemeinen bei pflanzlichen Farbstoffen 2 bis 3 Stunden betragen. Bei synthetischen Farbstoffen im Färbetopf sollte man etwa eine Stunde bei der erforderlichen Färbetemperatur färben. Kürzere Färbezeiten verringern Intensität und Haltbarkeit der Farben. Bei Färbungen mit pflanzlichen Farbstoffen kann man die eigentliche Färbezeit in gewisser Weise dadurch verlängern, daß man das Färbegut einen oder mehrere Tage im

Tabelle 14. Zusammensetzung und Wirkungsweise der Zusätze zum Färbebad

Bezeichnung des Zusatzes	Zusammensetzung	Aussehen/Wirkung
Kochsalz	$NaCl$	weißes Salz, fördert das Aufziehen der Farbstoffe auf Zellulosefaserstoffe
Essigsäure in verschiedenen Konzentrationen Essigessenz – auf etwa 40 % verdünnte Essigsäure Speiseessig – auf etwa 10 % verdünnte Essigsäure	CH_3COOH	farblose, stark sauer riechende Flüssigkeit, die in Abhängigkeit von der Konzentration und der Dauer ihres Verbleibs auf der Haut Blasen erzeugen kann, unterstützt ein schnelleres Aufziehen der Farbstoffe auf Schafwolle und Polyamidfaserstoffen

abgekühlten Färbebad liegen läßt. Das unterstützt Intensität und Beständigkeit der Farben und wurde früher häufig so gehandhabt. Eine Ausnahme dabei bildet die Färbung mit Eisen(2)sulfat. Hier ist das Färbegut nach dem Färben oder Entwickeln sofort aus dem Färbebad zu nehmen und außerhalb abzukühlen. Zu lange oder überhaupt längere Einwirkung von Eisen(2)sulfat hinterläßt Flecke und macht vor allem Wolle brüchig. Ein interessantes Beispiel dafür ist, daß in alten Teppichen häufig die mit Eisen dunkel gefärbten Stellen heute ausgefallen sind.

5. Zusammenhang zwischen dem Bewegen des Färbegutes im Färbebad und der entstehenden Farbe
   Generell kann und bei Heißfärbungen von Schafwolle muß ohne mechanische Unterstützung gefärbt werden. Hier würde ein intensives Bewegen und Stauchen zum Verfilzen führen und ist deshalb zu unterlassen. Bei allen anderen Färbungen, insbesondere bei Färbungen mit synthetischen Farbstoffen, fördert ein vorsichtiges Bewegen und Stauchen des Färbegutes das gleichmäßige Aufziehen des Farbstoffes und unterstützt die bessere Ausnutzung des Färbebades.
6. Zusammenhang zwischen dem Entwickeln und der entstehenden Farbe
   Das Entwickeln von Färbungen ist typisch für pflanzliche Färbungen. Erst die Zugabe des Entwicklers, in der Regel Kupfer(2)sulfat oder Eisen(2)sulfat, bewirkt die eigentliche Farbe. Zum Entwickeln läßt man das Färbebad auf etwa 30 bis 40 °C abkühlen, nimmt das Färbegut heraus und löst getrennt davon den Entwickler in einem kleinen Topf heiß auf und gibt die Lösung in das Färbebad. Das Färbegut wird wieder eingelegt, das Bad langsam zum Kochen getrieben und in etwa einer halben bis einer Stunde entwickelt. Kupfer(2)sulfat verändert die Farben ins Grüne und Eisen(2)sulfat ins Graue oder Schwarze. 100 g Färbegut kann man etwa mit 5 bis 10 g Kupfer(2)sulfat oder Eisen(2)sulfat entwickeln.
   Die Färbebäder können mehrfach verwendet und untereinander gemischt werden. Nur einmal verwendete Färbebäder kann man in sorgfältig beschriftete Flaschen füllen, aufbewahren und wieder verwenden. Sich eventuell bildender Schimmelrasen kann vor der Wiederbenutzung entfernt werden. Er tut dem Färbebad keinen Abbruch.

5.5. Nachbehandeln des Färbegutes

Das Nachbehandeln des Färbegutes umfaßt das Avivieren oder Schönen der Farben, das Waschen, Spülen, Schleudern, Trocknen und Prüfen der Farben auf Echtheit.

Durch Avivieren oder Schönen werden die Farben vertieft und lebhafter gemacht. Das gilt vor allem für Färbungen mit pflanzlichen Farbstoffen. Traditionelle Aviviermittel sind Pottasche, Essigsäure in verschiedenen Konzentrationen, Weinsäure und Zitronensäure. Tabelle 15 gibt einen Überblick über Zu-

Tabelle 15. Zusammensetzung und Wirkungsweise der Aviviermittel

Bezeichnung der Aviviermittel	Chemische Formel	Aussehen, Wirkung, Substitute
Pottasche, Kaliumkarbonat	K_2CO_3	weißes, meist zu harten Klumpen zusammengeballtes Pulver, ist sehr hygroskopisch und deshalb möglichst verschlossen zu lagern vertieft alle mit pflanzlichen Farbstoffen gefärbten Rottöne
Essigsäure in verschiedenen Konzentrationen	CH_3COOH	farblose, stark sauer riechende Flüssigkeit, die auf der Haut Blasen erzeugt Essigessenz ist auf etwa 40 % und Speiseessig auf etwa 10 % verdünnte Essigsäure alle Farben werden vertieft
Weinsäure, Weinstein, Substitute	$C_4H_6O_6$ $KHC_4H_4O_6$	Weinsäure ist in verschiedenen sauren Pflanzensäften, vor allem im Saft der Weintrauben vorhanden bei Gärung z. B. des Weines scheidet sich Weinstein ab Weinstein und Weinsäure vertiefen vor allem mit pflanzlichen Farbstoffen gefärbte Rottöne *Bielenstein* berichtet über die Anwendung von Alkohol bei Rotfärbungen in Lettland
Zitronensäure	$C_6H_8O_7$	ist zu etwa 6 bis 7 % im Zitronensaft und in geringeren Mengen im Saft von Apfelsinen, Johannisbeeren, Preiselbeeren enthalten kristallisierte Zitronensäure bildet farblose Kristalle (etwa bohnengroß), schmeckt stark und sehr rein sauer, vertieft alle Farben

sammensetzung und Wirkungsweise dieser Substanzen. Sie wurden vor allem zum Schönen von Färbungen auf Schafwolle und Seide verwendet. Färbungen auf Baumwolle lassen sich außerdem mit Soda avivieren.

Die Bäder zum Avivieren setzt man nach dem Färben und getrennt vom Färbebad an. Tabelle 16 enthält Orientierungswerte für die Menge des zu lösenden Aviviermittels je 100 g Färbegut. Die Aviviermittel löst oder gibt man in handwarmes Wasser (soviel Wasser nehmen, daß das Färbegut darin bequem schwimmen kann), legt das Färbegut ein und bewegt ab und an vorsichtig. Man läßt das Färbegut mindestens 2 bis 3 Stunden, möglichst über Nacht, im Avivierbad liegen. Mit Essigsäure in verschiedenen Konzentrationen und Zitronensäure kann man alle mit pflanzlichen Farbstoffen gefärbten Farben vertiefen, während Pottasche und Weinsäure vor allem mit pflanzlichen Farbstoffen gefärbte rote Farben leuchtender machen.

Waschen und Spülen nach dem Färben haben den Zweck, die im Färbegut vorhandenen überschüssigen Farb- und Metallsalzreste zu entfernen. Dieser Ar-

Tabelle 16. Orientierungswerte für die Menge des zu lösenden Aviviermittels je 100 g Färbegut

Aviviermittel	Menge des zu lösenden Aviviermittels
Pottasche	10 bis 15 g
Essigessenz	100 g
Weinsäure	10 bis 15 g
Zitronensäure	10 bis 15 g

beitsgang ist für Färbungen mit synthetischen und pflanzlichen Farbstoffen gleichermaßen wichtig. Bei heißem Färbegut beginnt man mit heißem Spülwasser und läßt die Temperaturen mit jedem Spülbad weiter abfallen. Darauf ist vor allem bei Wollfärbungen zu achten. Wenn das Färbegut im Färbebad abgekühlt wurde, ist das Spülbad kalt anzusetzen und langsam mit jedem Austausch der Flüssigkeit zu erhitzen.

Zum Auswaschen kann man Seife oder ein Feinwaschmittel verwenden. Gründliches Auswaschen mit einem Waschmittel ist besonders nach dem Färben mit Metallsalzen erforderlich, um die giftigen oder dem Färbegut über längere Zeit schädlichen Reste zu beseitigen. Man wäscht und spült so lange, bis das letzte Spülwasser klar geblieben ist. Anschließend schleudert man die Garne und Textilflächen und läßt sie nachtrocknen.

Die Echtheit der Färbungen sagt etwas darüber aus, wie widerstandsfähig die Farben im Gebrauch gegenüber den verschiedensten Einflüssen (z. B. Einwirkungen von Licht, Luft, Wasser, Schweiß usw.) sind. Es ist weder erforderlich noch möglich, daß eine Farbe gegenüber allen Einflüssen gleich widerstandsfähig ist. Die für den individuellen Färber wichtigsten Echtheitsarten sind die Lichtechtheit und die Waschechtheit. Vereinfacht dargestellt, kann man im Haushalt die Waschechtheit dadurch herstellen, daß man die Garne und Textilflächen solange wäscht und spült, bis das letzte Spülwasser klar geblieben ist. Sie färben dann auch bei späterer Behandlung mit Wasser nicht mehr aus.

Die Prüfung der Farben auf Lichtechtheit kann man so vornehmen, daß man einen Teil der Färbung abdeckt und den anderen Teil über einen bestimmten Zeitraum heller Lichteinwirkung aussetzt. Dann vergleicht man beide miteinander und sieht, ob der dem Licht ausgesetzte Teil der Färbung verblaßt ist.

Interessant ist, daß, über einen längeren Zeitraum betrachtet, ein Teil der mit pflanzlichen Farbstoffen gefärbten Farben von sehr hoher Lichtechtheit ist.

6. Färben mit Pflanzenfarbstoffen

6.1. »Ein langes Gespräch mit der Natur« oder eine Umweltbelastung?

Im Gefolge der Wiederbelebung des Färbens mit Pflanzenfarbstoffen in den USA und in Westeuropa in den vergangenen Jahren wird auch eine Diskussion um eventuell damit verbundene ökologische Probleme geführt. Im Mittelpunkt stehen vor allem folgende Fragen:

- Die Natur soll einerseits geschützt und zum anderen sollen Pflanzenteile gesammelt und zum Färben verwendet werden. Wie vereinbart sich das?
- Viele Färberezepte erfordern Chemikalien, die nicht ungefährlich sind. Bei unsachgemäßer Verwendung können sie Schäden am menschlichen Körper hervorrufen. Sie können außerdem, wenn sie häufig und in größeren Mengen dem Klär- und Abwassersystem zugeführt werden, schaden und biologische Kläranlagen außer Kraft setzen.

Die Antwort auf diese Fragen kann nur im Streben nach einem harmonischen Umgang mit der Natur und ihren Ressourcen bestehen. Die jahrtausendealten Färberezepte zu bewahren, heißt nicht, daß alles Färbegut im Haushalt mit Pflanzenfarbstoffen gefärbt werden soll, heißt auch nicht, daß ausschließlich ein Pflanzenteil an einem Standort verwendet und abgebaut werden soll, und schließt die sorgsame Verwendung der zum Färben erforderlichen Chemikalien ein. Es bedeutet aber vor allem, daß wir nicht vergessen sollen, wie es *Gretel Feddersen-Fieler* treffend ausdrückt, unser »langes Gespräch mit der Natur« weiterzuführen und in Maßen mit den Pflanzenfarbstoffen umzugehen /26/.

Jeder, der irgendwann bewußt mit pflanzlichen Farbstoffen gefärbte Garne und Textilflächen gesehen hat, wird sich dem Zauber dieser Farben kaum entziehen können. Bild 19 zeigt ausgewählte, mit pflanzlichen Farbstoffen gefärbte Schafwollen. Die besondere Ausstrahlung der Pflanzenfarbstoffe hat vor allem folgende Ursachen:

- Mit pflanzlichen Farbstoffen können keine reinen Farben gefärbt werden. Die in den Pflanzen enthaltene färbende Substanz tritt niemals rein in Erscheinung, sondern ist immer an eine Vielzahl anderer Substanzen gebunden.
- Diese ohne Mischen erzielten Farben sind von eigenartiger Schönheit. Daraus resultiert auch die Feststellung des Pflanzenfärbers *Emil Spränger* /27/:

»Je mehr das Färben den reinen Elementen des künstlerischen Schaffens sich nähert, desto selbstverständlicher erfolgt seine Abkehrung von den herrschenden Formen der Färberei.«

- Häufiges Färben mit pflanzlichen Farbstoffen schult den Farbsinn und hilft, ein Gefühl für Harmonien auszubilden.
  Martha Bielenstein /17/ berichtet sehr treffend von einer alten, an Pflanzenfarben gewöhnten Lettin, die sich mit Fabrikwolle gewebte Gürtelbänder und Stoffe in lettischen Mustern ansah und trocken sagte: »Das gefällt mir nicht.«, und meinte, daß die harten und scharfen Fabrikfarben sie unangenehm berührten.
- Ein und dieselbe Farbe ist beim Färben mit pflanzlichen Farbstoffen kaum ein zweites Mal herzustellen. Auch bei gleicher Konzentration kommt es zu Farbunterschieden, die aus unterschiedlichen natürlichen Bedingungen resultieren. Jede mit Pflanzenfarbstoffen gefärbte Farbe ist einmalig.

Tabelle 17. Übersicht über zum Färben verwendbare Pflanzen, Pflanzenteile und mögliche Farben

Pflanze	zu verwendende Pflanzenteile	mögliche Farben Gelb	Braun	Rot	Orange	Violett	Grün	Grau
Bärentraube	Blätter	×					×	×
Birnbaum	Bätter			×				
Curry	Mischung	×						
Essigbaum	Blätter	×						
Faulbaum	Rinde		×	×				
Färberkamille	Blüten	×						
Gelbe Möhre	Kraut						×	
Gemeine Kiefer	Zapfen		×					
Gemeine Schafgarbe	Kraut	×					×	
Gemeiner Wurmfarn	Kraut		×				×	
Heidelbeere	Zweige, Blätter		×					
	Beere					×		
Holunder	Beere					×	×	×
Isländisch Moos	gesamte Flechte	×						
Johanniskraut							×	
Kaffee	Bohnen		×					
Kamille	Blüten	×					×	
Kartoffel	Kraut	×						
Kermesbeere	Beeren			×				
Krapp	Wurzeln, unterirdische Sprosse			×				
	Mischfärbung mit Stockrose, Rotholz				×			
Kreuzdorn	Beere	×					×	

Tabelle 17. (Fortsetzung)

Pflanze	zu verwendende Pflanzenteile	mögliche Farben Gelb	Braun	Rot	Orange	Violett	Grün	Grau
Kurkuma	Mischung mit Safran	×						
Labkraut	Wurzeln, unterirdische Sprosse			×				
Lilie	Blätter	×						
Mahonie	Beeren					×		
	Beeren, Mischfärbung mit Zwiebelschalen, Eichenrinde, Blättern von Weiß- und Hänge-Birke							×
Maiblume	Blätter	×					×	
Pfirsichbaum	Blätter	×						
Rainfarn	Kraut	×						
Ringelblume	Blütenköpfe	×						
Rohrkolben	Ähren	×						
Roßkastanie	Schalen		×					
Rote Bete	Frucht		×				×	×
Rotholz			×					
	Mischfärbung mit Stockrose/Krapp				×			
Safran	Mischung mit Kurkuma	×						
Sauerdorn	Beere			×				
Schachtelhalm	Kraut	×						
Schöllkraut	Kraut	×						
Schwarzdorn	Beeren			×				×
Schwarze Johannisbeere	Beeren					×		
Spinat	Blätter	×					×	
Stiel-Eiche	Rinde		×					
	Rinde, Mischfärbung mit Mahonienbeeren, Zwiebelschalen, Blättern von Weiß- und Hängebirke							×
Stockrose	Blüten	×						
	Mischfärbung mit Krapp, Rotholz				×			
Teestrauch	Blätter		×					
Walnußbaum	Blätter	×						
	Fruchtschalen		×					
Weiß-Birke, Hänge-Birke	Blätter	×					×	
	Rinde			×				
	Asche							×
	Rinde, Mischfärbung mit Zwiebelschalen, Mahonienbeeren, Eichenrinde							×

Tabelle 17. (Fortsetzung)

Pflanze	zu verwendende Pflanzenteile	mögliche Farben Gelb	Braun	Rot	Orange	Violett	Grün	Grau
Zwerg-Holunder	Beeren					×		
Zwiebel	Schalen		×	×				
	Schalen, Mischfärbung mit Blättern von Weiß- und Hänge-Birke, Mahonienbeeren, Eichenrinde							×

- Die auf diesem Wege hergestellten Farben sind sehr beständig. Farbstoff und Faser gehen entweder allein oder vermittelt durch die Beize eine intensive Verbindung ein. Sie lassen sich gar nicht oder nur sehr schwer mit synthetischen Farbstoffen oder Lösungen um- oder entfärben.
- Die Farben leben weiter, wenn sie auf die Faser aufgezogen sind. Sie können im Verlaufe der Zeit ihren Farbton teilweise ändern, beispielsweise von Violett in Grauviolett übergehen, ohne daß Spannung und Ausstrahlung der Farben nachlassen.

Die folgenden Abschnitte sollen deshalb dazu anregen, die uns von Natur aus gegebenen Färbemöglichkeiten nicht zu vergessen und sinnvoll mit den anderen zu kombinieren. Der Schwerpunkt liegt dabei auf der Nutzung der in Mittel- und Osteuropa wachsenden Pflanzen.

Das Färben mit Pflanzenfarbstoffen ist sehr zeitaufwendig. Sammeln, Trocknen, Aufbereiten und Färben erfordern mehr Zeit und Aufmerksamkeit als die Arbeit mit synthetischen Farbstoffen. Weil die färbenden Pflanzenteile nur in beschränktem Umfang in der Natur vorhanden sind, färbt man im Haushalt nur kleinere Garnpartien oder Textilflächen mit Pflanzenfarbstoffen. Wenn man einen Garten hat, empfiehlt es sich, häufig benutzte Pflanzen dort anzubauen. Tabelle 17 gibt einen Überblick über zum Färben verwendbare Pflanzen, zu verwendende Pflanzenteile und damit erzielte Farben.

6.2. Pflanzen und Färbeverfahren für Gelb

Gelb gehört zu den mit pflanzlichen Farbstoffen in Mitteleuropa am häufigsten zu erzielenden Farben. Das Spektrum der gelben Farben reicht von stark hellgelb bis gelbbraun. Sie resultieren aus den verschiedenen gelbfärbenden Farbstoffen in den Pflanzen. Charakteristische gelbfärbende Substanzen sind zum Beispiel das Xanthorhamnin in den Beeren von Kreuzdornarten sowie verschiedene Gerbstoffe in einer Vielzahl von Pflanzen.

Die intensivsten und haltbarsten gelben Farben erzielt man, wenn man beizt und färbt. Wenn das Beizmittel ein Metalloxid ist, verbindet sich der Farbstoff mit dem Oxid und der Faser zu einer Farbe. Bei gerbstoffhaltigen pflanzlichen Beizmitteln bilden sich zwischen Gerbstoff, Farbstoff und Faser Verbindungen, die die Farbe bewirken.

Nach einer Beize oder bei Zugabe eines Beizmittels zum Färbebad färben sehr viele Pflanzenteile gelb. Je mehr man sammelt und experimentiert, um so mehr Möglichkeiten wird man gerade für diese Farbe finden. Die Bilder 20 bis 25 zeigen Gelbfärbungen nach einer Beize oder mit Zugabe des Beizmittels zum Färbebad. Die Proben wurden auf gewaschener Schafwolle, Seide, Baumwolle und einer Mischung aus Viskosefaser und Polyamidseide im Verhältnis von 85% VI-F und 15% PA-S mit Bärentrauben- und Birkenblättern, Färberkamillenblüten, Essigbaumblättern, Kartoffelkraut, Kreuzdornbeeren, Lilienblättern, Maiblumen- und Pfirsichblättern, Rainfarnkraut, Safran und Kurkuma, Schachtelhalm- und Schafgarbenkraut, Rohrkolben, Schöllkraut, Spinat- und Walnußblättern gefärbt. Außerdem kann man mit Ringelblumen-Blütenköpfen und Stockrosenblüten gelb färben. Die zum Erkennen und Sammeln ausgewählter Pflanzen erforderlichen Beschreibungen findet man im Abschnitt 6.9. Tabelle 18 charakterisiert die Gelbfärbungen nach einer Beize oder mit Zugabe des Beizmittels zum Färbebad. Die fotografierten Proben wurden nach den in der Tabelle enthaltenen Angaben gefärbt. Sie können dem Leser als Orientierung für

Tabelle 18. Charakteristik der Gelbfärbungen nach einer Beize oder mit Zugabe des Beizmittels zum Färbebad

Färbender Pflanzenteil	Vorbereitung des Pflanzenteils	Charakteristik der Färbung
		(In allen Tabellen wird das Verhältnis von Gewicht des färbenden Pflanzenteils : Gewicht des Färbegutes als Verhältnis angegeben, z. B. bei Bärentraubenblättern 7 : 1, d. h. 7 Gewichtsteile Bärentraubenblätter zu einem Gewichtsteil Färbegut.)
Bärentraubenblätter	etwa 2 Stunden auskochen, abseihen	Vorbeize mit Alaun Heißfärbung 7 : 1 50 g Blätter/1 l Wasser 1 Stunde köcheln
Essigbaumblätter	etwa 2 Stunden auskochen, abseihen	Vorbeize mit Alaun Heißfärbung 1 : 5 20 g Blätter/1 l Wasser, 2 Stunden köcheln

Tabelle 18. (Fortsetzung)

Färbender Pflanzenteil	Vorbereitung des Pflanzenteils	Charakteristik der Färbung
Färberkamillen-blüten	etwa 2 Stunden aus-kochen, abseihen	Vorbeize mit Alaun Heißfärbung 1 : 1 30 g Blüten/1 l Wasser 2 Stunden köcheln sehr intensive Nachfärbungen auch mit mehr Färbegut sind möglich
Gemeines Schaf-garbenkraut	etwa 2 Stunden aus-kochen, abseihen	Vorbeize mit Kaliumbichromat Heißfärbung 1 : 2 70 g Schafgarbenkraut/1 l Wasser 2 Stunden köcheln
Kartoffelkraut	etwa 2 Stunden aus-kochen, abseihen	Vorbeize mit Alaun Heißfärbung 40 : 1 50 g Kraut/1 l Wasser 2 Stunden köcheln im Bad abkühlen
Kreuzdornbeeren Mitte August gesammelt	unreife Beeren im Mörser zerdrücken	Beize mit getrockneten Birkenblättern Heißfärbung 1 : 1 30 g Beeren/1 l Wasser 2 Stunden köcheln
Kreuzdornbeeren	Bad der vorhergehenden Färbung im Kupfer-kessel erhitzen	Vorbeize mit Alaun Heißfärbung 1 : 1 2 Stunden köcheln im Bad abkühlen
Maiblumenblätter	etwa 2 Stunden aus-kochen, abseihen	Vorbeize mit Alaun Heißfärbung 2 : 1 10 g Blätter/1 l Wasser, 2 Stunden köcheln
Pfirsichblätter	etwa 2 Stunden aus-kochen, abseihen	Vorbeize mit Alaun Heißfärbung 2 : 1 10 g Blätter/1 l Wasser 2 Stunden köcheln, im Bad abkühlen
Rainfarnkraut	zerkleinern	Kontaktfärbung, d. h. Kraut, Färbegut in Lagen in den Topf schichten, Alaun dazugeben, 2 Stunden köcheln, im Bad abkühlen

Tabelle 18. (Fortsetzung)

Färbender Pflanzenteil	Vorbereitung des Pflanzenteils	Charakteristik der Färbung
Rainfarnkraut	Bad der vorhergehenden Färbung verwenden	Pottasche zusetzen 2 Stunden köcheln, im Bad abkühlen
Ringelblumen-Blütenköpfe	trocknen zerkleinern	Heißfärbung 1 : 1 13 g Blütenköpfe/1 l Wasser 2 Stunden köcheln, im Bad abkühlen
Rohrkolben	kleingeschnittene Ähren einen Tag einweichen, 5 Stunden auskochen, abseihen	Vorbeize mit Alaun Heißfärbung 2 : 1 50 g Ähren/1 l Wasser, 2 Stunden köcheln
Mischung aus Safran / Kurkuma		Vorbeize mit Alaun Heißfärbung 1 : 10 2,5 g Gemisch/1 l Wasser 1 Stunde köcheln
Schachtelhalmkraut	zerkleinertes Schachtelhalmkraut etwa 2 Stunden auskochen, abseihen	Vorbeize mit Alaun Heißfärbung 3 : 1 10 g Kraut/1 l Wasser, 3 Stunden köcheln
Schöllkraut	kleingeschnittenes Kraut einen Tag einweichen	Alaun zum Färbebad dazugeben Heißfärbung 1 : 1 50 g Kraut/1 l Wasser, 2 Stunden köcheln Einweichwasser zum Färben verwenden,
Spinatblätter	frische zerkleinerte Blätter etwa 1 Stunde auskochen, abseihen	Vorbeize mit Alaun Heißfärbung 4 : 1 50 g frischer Spinat/1 l Wasser 2 Stunden köcheln, im Bad abkühlen
Stockrosenblüten	frische Blüten etwa 2 Stunden auskochen, abseihen	Vorbeize mit Alaun Heißfärbung Färbegut 5 Tage feucht eingeschlagen liegen lassen 1 : 1 60 g frische Blüten/1 l Wasser 2 Stunden köcheln, im Bad abkühlen
Walnußblätter	zerkleinerte Blätter etwa 2 Stunden auskochen, abseihen	Vorbeize mit Alaun Heißfärbung 2 : 1 20 g Blätter/1 l Wasser, 2 Stunden köcheln

weitere Färbungen dienen. Es gilt auch hier, wie allgemein beim Färben mit Pflanzenfarbstoffen, daß jede Farbe etwas anders ausfallen kann.

Die Betrachtung der Farbproben zeigt, daß die Mischung aus Safran und Kurkuma am intensivsten Gelb färbt. Das gilt auch dann noch, wenn man das Verhältnis von färbendem Pflanzenteil zu Färbegut von 1 : 10 auf für die Ausbeute günstigere Verhältnisse, wie beispielsweise 1 : 5, verändert. Die Färbungen mit Safran oder Beimengungen von Safran zu anderen Farben wirken so intensiv, daß man sie später, beispielsweise beim Batiken, mit anderen pflanzlichen Farbstoffen kaum befriedigend überfärben kann.

Für starke gelbe Farben sind dem Anfänger außerdem Färbungen mit den Blüten der Färberkamille, Essigbaumblättern, Kreuzdornbeeren, Stockrosenblüten und Rainfarnkraut zu empfehlen. Feine helle gelbe Farben liefern die Blütenköpfe der Ringelblume und das Kraut des Schachtelhalmes.

Nur in wenigen Fällen lassen sich ohne Beizmittel gelbe Farben färben. Dazu eignen sich Curry, Färberkamillenblüten, Schöllkraut und die Flechte Isländisch Moos. Bild 26 zeigt die Proben aus den Gelbfärbungen ohne Vorbehandlung.

Tabelle 19. Charakteristik der Gelbfärbungen ohne Beize

Färbender Pflanzenteil	Vorbereitung des Pflanzenteils	Charakteristik der Färbung
Curry	im Handel erhältliche Mischung verwenden	Heißfärbung 3 : 1 100 g Curry/1 l Wasser Currymischung in heißem Wasser aufgelöst dem Färbebad zusetzen, Färbegut einlegen, 2 Stunden köcheln
Färberkamillenblüten	Blüten trocknen, etwa 2 Stunden auskochen, abseihen	Heißfärbung 1 : 1 15 g Blüten/1 l Wasser Färbegut ins Färbebad einlegen, erhitzen, 2 Stunden köcheln
Isländisch Moos	Flechte über Nacht eingeweicht stehen lassen, 2 Stunden auskochen und sofort abseihen (wenn man nicht sofort abseiht, verschleimt die Flechte und läßt sich nicht weiterverwenden)	Heißfärbung 3 : 1 50 g Isländisch Moos/1 l Wasser 2 Stunden köcheln
Schöllkraut	gesamtes Kraut frisch verwenden, leicht zerkleinern	Kontaktfärbung Schöllkraut und Färbegut lagenweise in den Färbetopf legen, mit Wasser auffüllen, 3 bis 4 Tage stehen lassen, 2 Stunden köcheln

Am einfachsten ist die Färbung mit Curry. Auch sie kann insbesondere dem Anfänger, der ohne größere Vorbereitung und Pflanzenkenntnis färben will, empfohlen werden. Curryfärbungen ziehen sowohl auf Schafwolle als auch auf Seide, Baumwolle oder der Mischung aus Viskosefaser und Polyamidseide gut auf. Bild 27 zeigt ergänzend ein Detail aus einer Curryfärbung auf Baumwolle. Färbungen mit Schöllkraut und der Flechte Isländisch Moos liefern nur auf Schafwolle brauchbare Ergebnisse.

Tabelle 19 charakterisiert die Gelbfärbungen ohne Vorbehandlung des Färbegutes.

Bild 28 zeigt einen Schafwollpullover, für den die Wolle zuerst in unterschiedlichen Farben gelb gefärbt und dann verarbeitet wurde. Bild 29 enthält ein Detail dieses Pullovers.

Als weitere Anregung für experimentierfreudige Färber soll ein älteres Färberrezept dienen, mit dem man ursprünglich rote Haare blond färbte, mit dem man aber auch Färbungen von Garnen oder auf Textilflächen probieren kann /28/.

»Man nimmt:
Großen breiten Wegerich, Herb. Plantago major, wo möglich frisch, zerschneidet es klein, und verfertigt daraus ein sehr starkes destillirtes Wasser. Das erhaltene Wasser gießt man wiederum auf frischen Wegerich, und destillirt es in einem gewöhnlichen Brennzeug noch einmal, so daß daraus ein doppelt destillirtes Wasser aus Wegerich bereitet wird.
In einem halben Maaße dieses Wassers löse man auf: 1/4 Loth venetianische Seife, und 1/2 Loth Soda. Das Ganze ist nun zum Gebrauche fertig.«

6.3. Pflanzen und Färbeverfahren für Braun

Neben Gelb läßt sich Braun am häufigsten und teilweise auch am einfachsten mit pflanzlichen Rohstoffen färben. Vielfach gehen Braun und Gelb ineinander über. Das Spektrum der braunen Farben ist deshalb sehr vielschichtig und reicht von einem hellen Braungelb bis zum tiefen Dunkelbraun. Geringere Konzentrationen einer Färbepflanze können Gelb und stärkere Konzentrationen Braun bewirken. Das resultiert aus der unterschiedlichen Menge der Gerbstoffe, die eine Ursache für braune Färbungen sind und in hoher Konzentration intensive braune Farben bewirken.

Die Braunfärbungen können mit und ohne Beize erfolgen. Im Unterschied zum Färben gelber Farben gibt es aber einige Pflanzen oder Pflanzenteile, die ohne Beize sehr intensiv färben und dem Anfänger zu empfehlen sind. Dazu gehören Färbungen mit Walnußschalen, Eichenrinde, schwarzem Tee, aber auch Kaffeebohnen und roter Bete. Die Bilder 30 und 31 enthalten die Färbeproben, und Tabelle 20 gibt Auskunft über die verwendeten Mengenverhältnisse und Färbungsarten. Die Färbung mit Eichenrinde läßt sich durch Entwickeln mit Kupfer(2)sulfat vor allem auf Schafwolle in ein intensives Schwarzbraun überführen.

Tabelle 20. Charakteristik der Braunfärbungen ohne Beize

Färbender Pflanzenteil	Vorbereitung des Pflanzenteils	Charakteristik der Färbung
Kaffeebohnen	etwa 1 Stunde kochen, abseihen	Heißfärbung 1 : 1 100 g Kaffee/1 l Wasser 2 Stunden köcheln
Rote Beete Frucht	zerkleinern	Kontaktfärbung 5 : 1 200 g Rote Beete/1 l Wasser zerkleinerte Früchte, Kochsalz, Färbegut lagenweise in den Färbetopf geben, auf etwa 70 °C erwärmen und an warmem Ort etwa 1 Woche stehen lassen
Teeblätter von schwarzem Tee	etwa 30 Minuten kochen, abseihen	Heißfärbung 3 : 1 25 g Blätter/1 l Wasser 1 Stunde köcheln lassen
Stiel-Eichenrinde	Rinde einweichen, etwa 2 Stunden auskochen, abseihen	Heißfärbung 1 : 1 100 g Rinde/1 l Wasser 1 Stunde köcheln Färbung kann hier beendet oder folgendermaßen fortgesetzt werden: Kupfersulfat dazugeben, Färbegut wieder einlegen und 30 Minuten köcheln und im Bad abkühlen

Besondere Beachtung verdient die Färbung mit Walnußschalen. Sie ermöglicht insbesondere auf Schafwolle schöne und ergiebige Stufenfärbungen (Bild 32 zeigt Nußschalenfärbungen auf Schafwolle) und soll deshalb näher erläutert werden.

Zum Färben kann man die grünen und die braunen Schalen verwenden. Die grünen Schalen sammelt man vor der Reife, d. h. im Juli oder in der ersten Hälfte des Monats August. Sie färben in Kalt- und Heißfärbungen sehr stark. In Kaltfärbungen sind sie ausgesprochene Wollfärbemittel. Um eine möglichst große Ausbeute zu erreichen, sollte man die Stufenfärbungen mit der Kaltfärbung beginnen. Dazu müssen die Schalen frisch verwendet werden, d. h., man legt sie möglichst unmittelbar nach dem Sammeln in kaltes Wasser ein, weil sie sonst von ihrer Färbkraft verlieren. Die braunen Nußschalen gewinnt man beim Abschälen der reifen Nüsse, also etwa Ende September und im Monat Oktober. Sie sind für Heißfärbungen zu empfehlen.

Man färbt folgendermaßen:

Kaltfärbung mit grünen Walnußschalen
Auf 100 g grüne Schalen verwendet man 50 g Färbegut und 1 l Wasser. Die Schalen legt man in Wasser ein, läßt sie 1 bis 2 Tage im Wasser stehen, gibt das Färbegut dazu und läßt das Bad weitere 1 bis 2 Tage stehen. Wenn das Färbegut zartgrün aussieht (etwa nach weiteren 1 bis 2 Tagen), nimmt man es heraus und hängt es so lange auf, bis sich die Farbe an der Luft in ein Braun verwandelt hat, welches sich nicht mehr verändert. Jetzt kann man abfallend spülen, schleudern und trocknen. Man kann auch so kalt färben, indem man das Gefäß mit den bereits eingelegten Nußschalen und dem dazu gegebenen Färbegut 8 bis 10 Tage zugedeckt stehen läßt und das Färbegut danach herausnimmt. Es muß dann eine braune Farbe aufweisen und braucht nur noch gespült, geschleudert und getrocknet zu werden.

Das Farbbad ist nach einer Kaltfärbung noch nicht ausgeschöpft und kann mindestens noch ein zweites Mal zur Kalt- und später zur Heißfärbung verwendet werden. Bei weiteren Kaltfärbungen wird die Farbe immer heller.

Heißfärbung mit Walnußschalen
Auf 100 g braune Schalen verwendet man wie bei der Kaltfärbung 50 g Färbegut und 1 l Wasser. Man läßt die Nußschalen etwa 30 Minuten auskochen, seiht sie dann ab, legt das Färbegut ein (wenn man Schafwolle färbt, das Färbebad wieder abkühlen lassen oder die Wolle vorher getrennt erwärmen, damit die Wolle nicht geschädigt wird) und läßt das Bad etwa 2 Stunden unterhalb des Siedepunktes köcheln. Als Nachbehandlung spült man wieder abfallend, schleudert und trocknet. Durch die Heißfärbung erreicht man dunkle Brauntöne, während die Kaltfärbung Mittel- bis Hellbraun liefert. Man kann auch das Bad für die Heißfärbung mehrere Male verwenden. Die Farbe wird dadurch immer etwas heller. Auf diese Weise kann man sich allein durch Färben mit Walnußschalen gutes Ausgangsmaterial für andere Arbeiten schaffen.

Zur weiteren Anregung für experimentierfreudige Leser soll die Beschreibung der Bereitung eines Nußschalenextraktes aus einem Modejournal dienen /29/:

»Die Herstellung eines Nußschalenextraktes bietet gar keine Schwierigkeit, ist aber selbstverständlich nur in der entsprechenden Jahreszeit möglich. Ich fülle eine breithalsige Flasche mit grünen Nußschalen an, gieße guten Spiritus darüber, lasse sie fest verkorkt an einem warmen Orte stehen. Nach einigen Wochen fülle ich den Extrakt auf kleinere Flaschen und verdünne ihn beim Gebrauche beliebig mit Wasser, je nachdem ob ich eine hellere oder dunklere Farbe zu erhalten wünsche.«

Dieser Extrakt diente ursprünglich zum Färben der Haare, man kann aber auch versuchen, Garne und Textilflächen damit zu färben.

Mit allen Pflanzenteilen, die ohne Beize färben, lassen sich Beizenfärbungen durchführen. Man braucht dann entweder weniger Ausgangsmaterial oder erreicht intensivere Farben.

Nach einer Beize mit Zugabe des Beizmittels färben außerdem Kiefernzapfen, Roßkastanienschalen, Farnkraut, Faulbaumrinde, Heidelbeerzweige und Zwiebelschalen braun bzw. gelbbraun. Am intensivsten färben Faulbaumrinde und Zwiebelschalen. Sie sind deshalb für den Anfänger besonders geeignet. Die Bilder 33 und 34 zeigen Braunfärbungen mit Beize. Tabelle 21 enthält die verwendeten Mengenverhältnisse und Färbungsarten. Bild 36 zeigt einen Schafwollpull-

Tabelle 21. Charakteristik der Braunfärbungen mit Beize

Färbender Pflanzenteil	Vorbereitung des Pflanzenteils	Charakteristik der Färbung
Faulbaumrinde	trocknen einweichen auskochen	Vorbeize mit Alaun Heißfärbung 1 : 1 10 g Rinde/2 l Wasser 1 Stunde köcheln, mehrere Nachfärbungen möglich
Zapfen der Gemeinen Kiefer	trocknen, einweichen, stehen lassen, bis Zapfen völlig durchgeweicht sind (etwa 1 Woche) auskochen	Vorbeize mit Alaun Heißfärbung 1 : 1 100 g Zapfen/1 l Wasser 1 Stunde köcheln
Gemeines Wurmfarnkraut	auskochen	Vorbeize mit Alaun Heißfärbung 10 : 1 100 g Kraut/3 l Wasser 1 Stunde köcheln und im Bad verkühlen lassen
Heidelbeerzweige und -blätter	trocknen einweichen auskochen	Vorbeize mit Alaun Heißfärbung 2 : 1 100 g Zweige/0,3 l Wasser 2 Stunden köcheln
Roßkastanienschalen	frische Hüllen verwenden und möglichst sofort auskochen oder einweichen	Vorbeize mit Alaun Heißfärbung 6 : 1 100 g Schalen/1 l Wasser 1 Stunde köcheln
Zwiebelschalen	trocknen auskochen	Vorbeize mit Alaun Heißfärbung 1 : 1 10 g Schalen/1 l Wasser 2 Stunden köcheln

over, für den die Wolle in unterschiedlichen Farbtönen mit Faulbaumrinde gefärbt und verarbeitet wurde. Bild 37 enthält ein Detail dieses Pullovers.

Braune Farben können außerdem durch Mischen gefärbt werden. Auch hierzu für den Leser eine Anregung aus einem alten Hauswirtschaftsbuch /25/:

»Dasjenige, was braun gefärbt werden soll, wird erst durch eine Alaunbrühe gezogen. Die gewöhnliche braune Farbe entsteht dadurch, daß das Leinen erst roth gefärbt, alsdann aber durch eine Brühe von Galläpfeln und Grünspan gezogen wird, und je nachdem der Grund dunkel oder hell ist, entstehen auch verschiedene Schattierungen.«

6.4. Pflanzen und Färbeverfahren für Rot

Rot läßt sich in Mittel- und Osteuropa mit einer geringeren Auswahl an heimischen oder kultivierbaren Pflanzen färben als Gelb oder Braun. Dunkle Rot sind selten oder gar nicht zu erreichen. Häufiger gelingen helle Rosa, Gelbrot oder Rotbraun.

Der Krapp oder die Färberröte mit dem Farbstoff Alizarin, früher eine der wichtigsten Rot färbenden Pflanzen, wächst heute noch vereinzelt wild. Die Pflanze kann aber kultiviert werden. Zum Färben verwendet man die Wurzeln

Tabelle 22. Charakteristik von Rotfärbungen mit Beize

Färbender Pflanzenteil	Vorbereitung des Pflanzenteils	Charakteristik der Färbung
Birnenblätter	2 Stunden auskochen	Vorbeize mit Alaun Heißfärbung 3:1 20 g Blätter/1 l Wasser 2 Stunden köcheln, im Bad abkühlen
Faulbaumrinde	Rinde eine Woche im Tontopf einweichen (100 g Rinde in 2 l Wasser) 1 Stunde im Einweichwasser auskochen, abseihen	Vorbeize mit Alaun oder mit Alaun-Weinsäure, Färbegut nach der Beize in Tuch feucht einschlagen und so trocknen lassen Heißfärbung 2:1 (liefert dunkles Rotbraun, je mehr Färbegut, desto helleres Rotbraun entsteht) 50 g Rinde/1 l Wasser 2 Stunden köcheln anschließend ohne zu spülen über Nacht in Pottaschenlauge liegen lassen, zu den Nachfärbungen kann man Pottaschenlauge ins Färbebad geben – verstärkt den Rotton

Tabelle 22. (Fortsetzung)

Färbender Pflanzenteil	Vorbereitung des Pflanzenteils	Charakteristik der Färbung
Krappwurzel	Wurzel zerkleinern, einweichen (100 g Wurzel in 2 l Wasser), mehrere Tage stehen lassen, langsam erhitzen und kurz aufkochen lassen, 1 Stunde unterhalb des Siedepunktes ziehen lassen, möglichst nicht kochen lassen und den Topf, wenn erforderlich, abwechselnd vom Feuer ziehen oder darauf stehen lassen, abseihen	Vorbeize mit Alaun, Färbegut nach der Beize in Tuch feucht einschlagen und so trocknen lassen, Färbung unterhalb des Siedepunktes (nicht kochend) färben, da sonst die Farbe ins Braune umschlägt, Färbetopf deshalb immer wieder vom Feuer ziehen 2 : 1 100 g Wurzeln/2 l Wasser Färbegut 1 Stunde im Färbebad lassen, sofort nach dem Färben herausnehmen, abfallend spülen, trocknen im Färbebad sind mehrere Nachfärbungen möglich, Restbad kann auch sehr gut für Farbmischungen verwendet werden
Kermesbeeren	entsaften	Vorbeize mit Alaun Färbung bei etwa 60 °C (bei höheren Temperaturen wird die Farbe braun) Weintraubensaft zum Färbebad geben (0,13 l ausgepreßten Saft/30 g Färbegut) 0,3 l Saft/1 l Wasser 1 Stunde bei 60 °C ziehen lassen, aus dem Färbebad nehmen, abfallend spülen und trocknen
Labkrautwurzeln	Wurzeln zerkleinern, einweichen, 1 bis 2 Tage stehen lassen, 3 Stunden im Einweichwasser auskochen, abseihen	Heißfärbung 2 : 1 20 g Wurzeln/1 l Wasser 2 Stunden köcheln im Bad abkühlen
Rotholz	zerkleinern, etwa 1 Woche einweichen, im Einweichwasser erhitzen, 1 Stunde sprudelnd kochen, abseihen	Vorbeize mit Alaun Färbegut nach der Beize in Tuch feucht einschlagen und so trocknen lassen Heißfärbung 1 : 1 50 g Späne/2 l Wasser 1 Stunde köcheln, im Bad abkühlen lassen mehrere Nachfärbungen sind möglich, Restbad eignet sich gut für Farbmischungen

Tabelle 22. (Fortsetzung)

Färbender Pflanzenteil	Vorbereitung des Pflanzenteils	Charakteristik der Färbung
reife Schwarz-dornbeeren	Beeren etwa 2 Stunden auskochen	Vorbeize mit Alaun Heißfärbung 10 : 1 100 g Beeren/1 l Wasser 2 Stunden köcheln, im Bad abkühlen, ohne zu spülen trocknen, Färbung mehrmals wiederholen, dann spülen, trocknen
Sauerdornbeeren	Beeren trocknen, im Mörser zerstoßen, 2 Stunden auskochen, abseihen	Vorbeize mit Alaun Heißfärbung 2 : 1 100 g Beeren/1 l Wasser 2 Stunden köcheln
Zwiebelschalen	Schalen 1 Stunde auskochen	Vorbeize mit Kaliumbichromat Heißfärbung 1 : 1 30 g Schalen/1 l Wasser

und unterirdischen Sprosse der 2- bis 3jährigen Pflanzen. Diese werden getrocknet, von der Wurzelrinde befreit und gemahlen. Färbt man entsprechend den Angaben in Tabelle 22, dann erreicht man bei der ersten Färbung ein sehr schönes Ziegelrot. Weitere Färbungen aus dem gleichen Färbebad bekommen eine etwas hellere Farbe. Das Färbebad ist sehr ergiebig. Man kann es beispielsweise für etwa eine Nachfärbung und eine Mischfärbung verwenden. Bild 35 zeigt eine erste und eine Nachfärbung aus dem Färbebad mit Krappwurzeln.

Der in Mittel- und Osteuropa heimische und häufig wild wachsend anzutreffende Vertreter der Krappwurzel, die Wurzel verschiedener Labkrautarten, die den gleichen Farbstoff, aber in geringerer Konzentration enthält, ermöglicht bei entsprechender Vorbehandlung ähnlich rote Farben. Ihre Wurzeln und unterirdischen Sprosse sind dünner als die des Krapps, höchstens so dick wie eine Kugelschreibermine, häufig dünner, sehr stark verästelt und von einer rötlich-braunen Haut überzogen. Bild 38 zeigt ausgegrabene, gesäuberte Labkrautwurzeln. Sie sollten vor dem Färben mindestens ein Jahr gelagert werden. Zur Labkrautfärbung regen uns ältere osteuropäische Volkslieder an, in denen es heißt /17/:

»Gehet Mädchen Labkraut suchen,
es blühen schon die Erlen,
ihr werdet es selbst schon sehen,
wie leuchtend euer Garn wird.«

»Ach, ihr kleinen Labkräutlein,
fliehet in die dichten Weidenbüsche,
große Scharen Mädchen kommen,
Hacken tragen sie geschultert.«

Tabelle 22 enthält Mengenangaben und Färbungsarten für Labkrautfärbungen. Bild 39 zeigt eine erste und eine Nachfärbung aus dem Färbebad mit Labkrautwurzeln.

Breiten Spielraum zum Experimentieren liefert die Färbung mit der inneren Birkenrinde. Sie ist dem Anfänger besonders zu empfehlen, auch deshalb, weil mit und ohne Beize gefärbt werden kann. Sie liefert feine, helle Rot (Bild 40).

Der schwedische Naturforscher *Carl von Linné* (1707–1778) beschreibt die Verwendung von Birkenrinde bei den Lappen folgendermaßen /30/:

»An verschiedenen Stellen des Ufers sah ich Netze zum Fischfang, und es war seltsam, daß diese hier nicht geschwärzt waren, sondern rotgefärbt. Man kocht corticeum interaneum Betulae (innere Birkenrinde) ziemlich lang in Lauge, und wenn diese auszukühlen beginnt, legt man die Netze hinein.«

Am besten färbt die Rinde von jungen, im Frühjahr gefällten Birken. Zur Färbung verwendet man Rinde und Färbegut im Verhältnis von 2 : 1 und auf 50 g Birkenrinde je 1 l Wasser (vgl. Tabelle 23). Die Rinde wird mit der Hand, dem Messer und im Mörser soweit als möglich zerkleinert, eine Stunde ausgekocht und 2 bis 3 Tage stehen gelassen. Dann seiht man sie ab und gibt das Färbegut ohne Vorbehandlung dazu, erhitzt langsam und läßt 1 bis 2 Stunden köcheln. Anschließend spült man abfallend, schleudert und trocknet. Die Farbe wird ein helles Rot sein. Sie wird auch bei Färbung mit Vorbeize nicht wesentlich intensiver. Man kann den hellen Rotton in ein Braun verwandeln, wenn man ohne zu spülen das Färbegut trocknen läßt, wieder ins Färbebad einlegt, färbt und diese Prozedur etwa eine Woche lang wiederholt.

Färbt man im Kupferkessel, wird die Farbe ins Gelbliche verändert. Als Beizenfärbung kann man mit Sauerdornbeeren (enthalten den Farbstoff Berberidin), Birnenblättern, Kermesbeeren, Schwarzdornbeeren und Zwiebelschalen (enthalten den Farbstoff Quercitin) ein Gelb- oder Braunrot färben. Davon liefern die Schwarzdornbeeren schöne mittlere Rotbraun (Bild 40).

Für Rotfärbungen mit Zwiebelschalen sind Zwiebelsorten mit rötlichen Schalen zu verwenden, sonst wird die Färbung Gelb oder Braun. Tabelle 22 gibt eine Orientierung über Mengenverhältnisse und Färbungsarten. Die Kermesbeeren dienten ursprünglich zur Färbung von Wein und Zuckerwaren. Ihre Anwendung auf Garne und Textilflächen ist sehr umständlich und führt zu sehr hellen roten Farben.

Tabelle 23. Charakteristik von Rotfärbungen ohne Beize

Färbender Pflanzenteil	Vorbereitung des Pflanzenteils	Charakteristik der Färbung
Rinde von Weiß-Birke, Hänge-Birke	zerkleinern, auskochen, 2 bis 3 Tage stehen lassen, abseihen	Heißfärbung 2 : 1 50 g Birkenrinde/1 l Wasser 1 bis 2 Stunden köcheln

Dunkles Rot bzw. Braunrot lassen sich mit Rotholz und Faulbaumrinde färben. Rotholz enthält den Farbstoff Brasilein und Faulbaumrinde Frangulin. Die Rinde sollte vor Verwendung mindestens ein Jahr gelagert werden. Färbungen mit Rotholz sind nicht lichtecht, d. h., sie verblassen je nach Stärke und Umfang der Lichteinwirkung innerhalb von 1 bis 2 Jahren merklich. Tabelle 22 enthält Mengenangaben und Färbungsarten, und Bild 41 zeigt die Färbeproben.

Eine Anregung für weitere Färbungen kann ein Hinweis des Naturforschers *Carl von Linné* sein, der Rotfärbungen mit Blutwurz und Erlenrinde in Lappland erwähnt /30/:

»Mit Blutwurz färben die Lappen meist ihr Wollzeug, mit Erlenrinde Leder rot.« ... »Tormentilla (Blutwurz) quod notabile wuchs hier stets in den Mooren, deren Wurzel mit cortex internus Alni (innerer Erlenrinde) gekaut werden, der Speichel wird dann auf Lederhaut gestrichen, wovon diese rot wird, damit färben sie ihr Zaumzeug, ihre Gürtel, Riemen, Handschuhe etc.«

Zur Anregung soll auch der Vorschlag aus einem alten Hauswirtschaftsbuch dienen, Rot mit Hilfe von Heidelbeeren zu färben. Es heißt dazu /25/:

»Man kocht die frischen Beeren im Wasser einige Stunden, bis sie ihre Farbe von sich geben. Zu dieser Brühe mischt man vier Mal soviel ungelöschten Kalk, Grünspan und Salmiak, seihet es durch, und läßt es gehörig einkochen, – wodurch man eine schöne Purpurfarbe erhält.«

6.5. Pflanzen und Färbeverfahren für Orange

Orange läßt sich sehr gut aus den Farbstoffen oder Färbebädern für Rot und Gelb mischen. Es gibt dafür vielfältige Möglichkeiten, die, da sie sehr einfach zu mischen sind, nicht näher erläutert werden sollen. Bild 42 zeigt eine Mischfärbung aus den Restfarbbädern von Krapp, Rotholz und Stockrose.

6.6. Pflanzen und Färbeverfahren für Blau

Auf der Welt gibt es zwei Pflanzenfamilien, die in ihren Blättern die Vorstufe eines Farbstoffes, des Indoxyls, enthalten, der eine Blaufärbung ermöglicht. Diese beiden Pflanzenfamilien sind der Indigo und der Waid.

Der Farbstoff ist immer an ein bestimmtes Zuckermolekül gebunden und muß durch einen Fermentationsprozeß gelöst werden. Das bedingt einen relativ komplizierten und langwierigen Färbeprozeß. Deshalb wurde in der Hausfärberei zum Blaufärben häufig der Saft verschiedener einheimischer Beeren verwendet. Beispielsweise empfiehlt *Fr. Röver* 1824 in seinem Buch »Der Hausfreund auf dem Lande oder Sammlung erprobter Rathschläge, Rezepte und Mittel, zur eigenen Berathung und Selbsthülfe, vorzüglich beym einsamen Landleben; für Hausväter und Hausmütter.« folgendes Rezept zum Blaufärben mit Heidelbeeren /25/:

»Blau zu färben. Hierzu bedient man sich des ausgedrückten Saftes von Heidelbeeren, welchen man mit etwas Weinessig, etwas Alaun und halbsoviel Kupferschlag (d. i. was beim Schlagen des Kupfers abspringt) vermischt. Man läßt alles miteinander sieden, und hernach durch einen Durchschlag laufen. Ehe es völlig erkaltet, thut man das Leinen hinein, rührt es darin fleißig um, trocknet es wieder in der Luft, und wäscht es in kaltem Wasser, und es ist blau gefärbt. Will man es hellblau haben, so thut man keinen Kupferschlag hinzu; und um es dunkel zu machen, braucht man nur etwas gepulverte Galläpfel hinzuzumischen.«

Die auf diese Weise erhaltenen Farben sind weder in ihrer Intensität noch in ihrer Haltbarkeit mit der Indigo- oder Waidfärbung zu vergleichen.

Blaufärben mit Indigo kann man in der Urinküpe, in der Pottaschenküpe, in der Hydrosulfit-Ammoniak-Leim-Küpe und mit Indigopaste. Diese Färbeverfahren sollen hier nach Rezepten von *Emil Spränger* /27/ und *Gretel Feddersen-Fieler* /26/ erläutert werden.

Die Urinküpe ist eine althergebrachte Art und Weise des Färbens mit Indigo. *E. Spränger* beschreibt das Färben in der Urinküpe folgendermaßen /26/:

»Menschenurin, am besten von Kindern, wird während einigen Tagen oder Wochen gesammelt und dann gut zugedeckt an einem geschützten, warmen Ort 3 bis 4 Tage gelagert.

Zum Ansetzen der Küpe wird die Flüssigkeit durch ein leinenes Tuch in ein hölzernes oder glasiertes Gefäß filtriert, in ein heißes Wasserbad gestellt und unter öfterem Umrühren auf 35 bis höchstens 40 °C temperiert. Darauf werden der Küpe auf 40 l Urin 60 bis 80 g feinpulverisierter Indigo zugesetzt. Zu diesem Zwecke wird der Indigo am besten in ein leinenes Säcklein gebunden. Man deckt die Küpe gut zu, um sie über Nacht warm zu erhalten. Täglich mindestens zweimal, morgens und abends, muß sie gut aufgewärmt und das Säcklein leicht ausgedrückt werden. Nach 3 bis 4 Tagen kann man, um die Farbprobe zu machen, ein Bäuschchen trockene Wolle in die Küpe legen und 2 bis 5 Stunden darin liegen lassen. Beim Herausnehmen muß die Wolle eine lebhaft hellgrüne Farbe aufweisen, die sich an der Luft rasch in eine blaue verwandelt. Sollte jedoch die Farbe nicht klar genug ausfallen, so wäre man genötigt, die gleiche Behandlung fortzusetzen und nach 2 bis 3 Tagen eine neue Probe zu machen. Ist die Küpe in Ordnung, so werden 1/2 bis 1 kg trockene Wolle hineingelegt, gut untergedrückt und bis zum nächsten Tage gut zugedeckt darin liegengelassen. Nach dem Herausnehmen wird versponnene Wolle gut über dem Küpengefäß ausgedrückt, Flieswolle zum Abtropfen auf eine Hürde gelegt und dann alles gefärbte Material durch Aufhängen oder Ausbreiten 1 bis 2 Stunden gelüftet. Die Küpe wird wie gewohnt aufgewärmt, die vergrünte Wolle wieder hineingelegt und der Vorgang so oft wiederholt, bis die gewünschte Schattierung erreicht ist. Man spült dann zuerst in geklärtem Urin, der nachher zur bessern Ausnützung des Indigos der Küpe zugesetzt wird, bearbeitet die Wolle in 2 bis 3 warmen Seifenbädern und spült gründlich. Das Trocknen erfolgt am besten direkt an der Sonne. Es empfiehlt sich, das fertig gefärbte und getrocknete Material einige Tage der Luft auszusetzen.

Im Restbade kann noch einmal ein gleiches Quantum Wolle hell bis mittelblau gefärbt werden. Man läßt zu diesem Zwecke die Küpe unter beständigem Warmhalten 2 bis 3 Tage ruhen und färbt dann wie anfangs. Die Restfarben sind gewöhnlich etwas weniger rein als die ursprünglichen.«

Die Urinküpe kann durch Zusatz von Kochsalz und Krapp modifiziert werden. *E. Spränger* beschreibt sie dann folgendermaßen /27/:

»In einem hölzernen oder glasierten Küpengefäß werden 40 l geklärter Urin unter Zusatz von 300 g Kochsalz auf 50 bis 60 °C erwärmt. Man unterhält diese Temperatur unter öfterem Umrühren und Abschäumen 4 bis 5 Stunden. Dann werden 80 bis 100 g fein geriebener Indigo und ebensoviel Krapp, mit ganz wenig Küpenflüssigkeit angeteigt, dem Bade zugesetzt. Die Küpe wird darauf mit gut schließendem Deckel und wollenen Tüchern zugedeckt. Man erwärmt sie nun täglich zwei-, dreimal auf 40 °C und rührt jedesmal gut um. Am dritten oder vierten Tage kann, wie im vorhergehenden Rezept, die Farbprobe gemacht werden. Die Küpe ist bedeutend aktiver als die gewöhnliche Urinküpe. Man färbt deshalb am besten in kurzen Zügen von 1/2 bis 2 Stunden. Es empfiehlt sich, jeden zweiten oder dritten Tag mit dem Färben auszusetzen. Die Temperatur darf keine großen Schwankungen aufweisen.

Ist das Bad erschöpft, so können ihm 50 g Salz und ebensoviel Krapp und Indigo zugesetzt werden, worauf die Küpe 2 bis 3 Tage ohne zu Färben warm gehalten wird. Dieses Färben und Zusetzen und wieder Färben kann solange wiederholt werden, bis die Flüssigkeit einen widerlich-süßlichen Geruch und ein schmutzig rötlichbraunes Aussehen annimmt, was bei gut geführten Küpen erst nach Wochen oder Monaten der Fall ist.

Die Wolle wird in gleicher Weise behandelt wie in der vorhergehenden Vorschrift.«

Die zweite der traditionellen Urinküpenfärbung ähnliche Färbung ist die Färbung in der Pottaschenküpe, die ebenfalls *E. Spränger* folgendermaßen beschreibt /27/:

»Im verzinnten oder emaillierten Kessel 40 bis 50 l Wasser heiß machen. Dem Bade 50 g Krapp und ebensoviel Weizenkleie zusetzen und die Temperatur während 3 bis 4 Stunden auf etwa 80 °C erhalten, dann 150 g Pottasche hinzufügen und die Flüssigkeit auf 40 °C verkühlen lassen. Darauf 100 g fein pulverisierten Indigo mit ganz wenig Küpenwasser anteigen und dem Bade ebenfalls zusetzen. Gut umrühren, die Küpe zudecken und 2 Tage warm erhalten. Nach dieser Zeit täglich zweimal aufrühren. Sobald die Flüssigkeit eine klare grüngelbe Farbe angenommen hat und die Oberfläche mit einer kupfrig schillernden Blume versehen ist, die Farbprobe machen.

Im Gegensatz zur Urinküpe soll die Wolle feucht ins Bad kommen. Man färbt gleich wie in der vorhergehenden Vorschrift in kurzen Zügen von 1/2 bis 2 Stunden.

Wird das Bad schwach, so muß zur Speisung der Küpe der obige Ansatz separat und in kleinerem Maßstabe wiederholt werden. Man nimmt 25 g Krapp, 25 g Kleie, 70 bis 80 g Pottasche, 50 g Indigo und 3 bis 4 l Wasser, setzt das Ganze dem erschöpften Färbebad zu, rührt gut um und behandelt die Küpe wie anfangs. Die Führung der Pottaschenküpe erfordert einige Erfahrung. Ein geringes Zuviel oder Zuwenig der einzelnen Zusätze bewirkt Störungen. Bei zuwenig Pottasche kommt es vor, daß die Gärung zu stark wird. Man erkennt das an folgenden Anzeichen: Die kupfrig schillernde Blume und die blauen Adern auf der Oberfläche der Küpe verschwinden. Der Geruch wird unangenehm. Die Flüssigkeit bekommt eine rötlichgelbe Farbe und ein schmutzigtrübes Aussehen. Eingetauchte indigoblaue Wolle entfärbt sich. Als Gegenmittel muß man das Bad auf 50 °C erwärmen und 20 bis 30 g Pottasche in ganz wenig heißem Wasser lösen und zusetzen. Verstärkt sich die Gärung trotzdem, so ist die Küpe verloren und muß weggeworfen werden. Zuviel Pottasche verursacht ebenfalls fehlerhafte Zustände. Die Flüssigkeit wird trüb und dunkelbraun. Die Blume und der normale Küpengeruch verschwinden. Als Gegenmittel kann nach und nach in ganz kleinen Dosen von höchstens 1 bis 2 Gramm reines, kupferfreies Eisenvitriol zugesetzt werden.

Bei zu starkem Gebrauch der Küpe entstehen ebenfalls Übelstände, besonders wenn zu rasch nacheinander gefärbt wird. Man läßt in diesem Falle das Bad unter öfterem Aufwärmen einige Tage ruhen. Um derartige Störungen zu vermeiden, empfiehlt es sich, täglich nur einmal zu färben und die Temperatur möglichst gleichmäßig zu unterhalten.«

G. Feddersen-Fieler /26/ beschreibt als eine weitere und für den Städter besser geeignete Möglichkeit der Verküpung des Indigos die Hydrosulfit-Ammoniak-Leim-Küpe nach *Hentschel.* Sie schätzt ein, daß die damit erzielten Farben etwas härter als mit der Urinküpe, aber bei genauer, sorgfältiger Behandlung auch sehr echt werden. Man färbt nach dieser Methode folgendermaßen:

»Beim Blaufärben mit der Hydrosulfit-Ammoniak-Leim-Küpe benötigen wir eine Stammküpe und ein Küpenbad.

Die Stammküpe wird auf das Gewicht des zu benutzenden Indigos berechnet.

Grundrezept für die Stammküpe:

1 g Indigo
30 ccm Wasser
1,3 ccm 33 %ige Natronlauge
1,5 g Hydrosulfitpulver

Für unsere Rezepte bei 500 g Wolle und 20 g Indigopulver folgende Stammküpe:

Indigo	1/20	= 20 g
Wasser	1,3/20	= 600 ccm
Natronlauge (33 %ig)	1,3/20	= 26 ccm
Hydrosulfitpulver	1,5/20	= 30 g

Diese Zutaten in einem entsprechend großen, durchsichtigen Glasgefäß mit einem Glasstab zusammenrühren. Zuerst das Indigo mit dem Wasser, dem vorher 1 TL (Teelöffel – d. V.) Feinseifenpulver zugegeben wurde. Wenn Indigo und Wasser sich vermischt haben, die anderen Zutaten gut unterrühren, das Gefäß in einem Wasserbad solange auf 60 °C erwärmen, bis die Flüssigkeit gelb und klar geworden ist. Während des Erwärmens zwei- bis dreimal mit dem Glasstab vorsichtig umrühren, ohne daß viel Sauerstoff in die Flüssigkeit gelangt. Diese Stammküpe kann verschlossen gut aufbewahrt werden.

Bei dem Küpenbad geht man vom Gewicht der zu färbenden Wolle aus.

Grundrezept für das Küpenbad:
100 g Wolle
4 l Wasser
3 g Gelatine
3 g 25 %iges Ammoniak
2 g Hydrosulfitpulver.

Der Perlleim muß am Tage vorher eingeweicht und im Wasserbad flüssig gemacht werden. ... Man läßt das Wasser im Küpengefäß – in diesem Fall am besten in einem Emaillekessel mit Deckel – auf 50 °C erwärmen, stellt dann das Küpengefäß in ein Wasserbad und hält die Temperatur auf 50 °C. Dann werden die für das Küpenbad angegebenen Zutaten hineingerührt und nach 1/2 Stunden die Stammküpe dazugegeben. Alles gut zudecken und unbedingt zwischen 50 bis 60 °C warmhalten, bevor mit dem Färben begonnen wird. Es empfiehlt sich, vor Beginn des Färbens eine Probe zu machen, ob der Gärungsprozeß gelungen ist. Man nimmt dazu etwas Flüssigkeit aus der Küpe in ein Glas- oder Porzellanschälchen und gibt einen Tropfen 1 %ige Phenolphthaleinlösung dazu. Nun müßte die Küpenflüssigkeit schwachrot werden. Wird sie dunkelrot, ist die Küpe alkalisch, dann etwas Ammoniumsulfat dazugeben, 10 Minuten abwarten und erneut testen. Dieses Verfahren wiederholen, bis die gewünschte rosa Färbung erreicht ist. Zeigt sich bei der ersten Probe keine Färbung, ist die Küpe zu sauer, dann vorsichtig etwas Ammoniak zusetzen, 10 Minuten abwarten und erneut prüfen.

Eine gute Küpe sieht immer gelblich-grünlich, niemals blau aus. Jetzt endlich können die 500 g gewaschene, feuchte, aber gut ausgewundene Wolle in die Küpe gegeben werden. Die Wolle gut unterdrücken, das Küpengefäß verschließen und die Temperatur 30 Minuten auf 50 bis 60 °C halten. Das nun gelbgrüne Garn herausnehmen, über der Küpe ausdrücken, an der Luft verblauen lassen, in Feinwaschmittel waschen und spülen. Will man einen dunkleren Farbton erzielen, nach dem vollen Verblauen die Wolle noch einmal 30 Minuten in die Küpe legen, erneut verblauen lassen, waschen, spülen. In dieser Küpe kann gleich weitergefärbt werden. Es empfiehlt sich nur, zwischen jedem Färbevorgang 1 ccm Stammküpe zuzusetzen.

Nach dem Färben in der Hydrosulfitküpe muß die Wolle gesäuert werden, um ihren vollen Echtheitsgrad zu erhalten.

Dazu werden 20 l Wasser und 2 g 85 %ige Ameisensäure – oder 6,8 ccm Essigessenz – auf 40 °C erwärmt, die Wolle hineingelegt, das Bad langsam auf 80 °C getrieben. Ohne zu kochen, läßt man die Wolle 10 Minuten in diesem Bad liegen, nimmt sie dann heraus, spült sie und läßt sie im Freien trocknen.

Die Hydrosulfitküpe kann man auch nach dem Abkühlen wieder benutzen. Man setzt dafür eine neue Stammküpe an, die nach dem Indigoverbrauch berechnet wird. Die Hydrosulfitküpe auf 60 °C erwärmen, die Stammküpe dazugeben und genau wie anfangs beschrieben verfahren, testen, färben. Das Färben kann so lange wiederholt werden, bis die Küpe erschöpft ist.«

Eine andere Methode der vereinfachten Indigofärbung ist das Färben mit Indigopaste. Dabei wird aus Indigo und rauchender Schwefelsäure eine Paste bereitet, die in Wasser löslich ist und sich auf der Faser fixieren läßt. Diese Art der Indigofärbung wird auch als Sächsischblau bezeichnet (nach ihrer Erfindung in Großenhain in Sachsen durch den Deutschen *Barth* im Jahre 1740). Die Färbungen mit der Indigopaste werden nach der Einschätzung von *G. Feddersen-Fieler* /26/ nicht so klar und leuchtend wie die Färbungen mit Indigo aus der Küpe. Sie beschreibt das Herstellen und Färben mit der Indigopaste folgendermaßen:

»Herstellen der Indigopaste

3 g reines Indigopulver
25 g rauchende Schwefelsäure (= 12,5 ccm) H_2SO_4

werden in einer dickwandigen Glasflasche mit einem Glasstab solange gerührt, bis eine dickflüssige Paste entsteht. Diesen Vorgang mit 3 g Indigo und 25 g rauchender Schwefelsäure wiederholt man so oft, bis man die gewünschte Menge Paste hat. Da sie lange haltbar ist, kann man sich einen kleinen Vorrat davon anlegen.

Diese Paste immer außer Reichweite von Kinderhänden aufbewahren, da die Schwefelsäure sehr giftig und ätzend ist. Auch sollte man beim Färben mit Indigopaste äußerste Vorsicht walten lassen: Gummihandschuhe anziehen, die Paste nur tropfenweise ins Wasser geben, um ätzende Verbrennungen durch Schäumen und Spritzen zu vermeiden!

Richtig gehandhabt ist das Färben mit Indigopaste sehr angenehm, und es werden schöne Blautöne erreicht. Zum Grünfärben, bei Mischungen mit Gelb, sind Indigopastenbäder besonders farbecht. Rezepte mit Indigopaste

Rezept 1: Dunkelblau
40 ccm Indigopaste
500 g Wolle
Vorbeize: 80 g Alaun, 1 Stunde
Färben: Die Hälfte des Beizbades wegschütten und durch kaltes Wasser ersetzen. Die Indigopaste tropfenweise zugeben, gut umrühren, die Wolle an Stöcken hängend im Farbbad umziehen, bis die blaue Farbe gut aufgezogen ist, fallen lassen, 30 Minuten kochend färben, waschen, spülen.

Rezept 2: Grünlichblau, hell im selben Farbsud
500 g Wolle
Vorbeize: 80 g Alaun, 1 Stunde
Färben: 1 Stunde sanft kochen, waschen, spülen

Rezept 3: Schwarz
30 ccm Indigopaste
500 g dunkelbraune Naturwolle
Vorbeize: 100 g Alaun, 1 Stunde
Färben: wie Rezept 1

Um eine Farbskala an Blautönen zu bekommen, kann man nach Rezept 1 mit 30 ccm, 20 ccm, 10 ccm oder 5 ccm Indigopaste färben. Die Bäder sind immer für Nachfärbungen zu verwenden, z. B. für Grünfärbungen in Birkenlaub oder Heidekraut.«

Zum Blaufärben mit Waid verwendet man die Blätter. Sie enthalten etwa 30mal weniger Farbsubstanz als die Indigoblätter. Das Färbeverfahren ist ähnlich kompliziert wie bei der Indigofärbung.

Aus alten Aufzeichnungen läßt sich etwa folgende Verfahrensweise rekonstruieren, die bis zum Ersatz des Waid durch Indigo praktiziert wurde:

Die Waidblätter erntete man drei- bis viermal im Jahr. Sie wurden nach der Ernte (die Blätter wurden mit dem Waideisen geschnitten) sofort gewaschen, an der Sonne getrocknet und gemahlen. Dadurch entstand ein weicher Teig, der auf Haufen gelegt, dicht und glatt gedrückt und zum Schutz vor Regen bedeckt wurde. Die Waidhaufen ließ man etwa 14 Tage so liegen, öffnete sie dann, zerrieb ihre Rinde und vermischte diese mit dem Inneren. Die so entstehende Masse wurde zu festen Kugeln geballt, die auf Hürden getrocknet und anschließend an den Waidhändler verkauft wurden. Dort wurde er nochmals einer Gärung unterzogen. Bild 43 zeigt getrocknete Waidblätter und Waidkugeln. Diese Waidkugeln wurden dann an die Färber verkauft. Sie zerstießen den Waid nochmals und ließen ihn ungefähr 12 Tage lang unter ständigem Befeuchten gären. Man befeuchtete sowohl mit Urin als auch mit Wasser. Beim Befeuchten mit Urin roch es beim ersten Tragen »nach neuen Kleidern«.

Über die Gärung und die genaue Zeit ihres Abbruches lassen die alten Färberezepte den heutigen Leser im Ungewissen. Zuletzt wurde das gewonnene Pulver mit Wasser und frischgelöschtem Kalk verdünnt. Nun konnte gefärbt werden. Nach dem Eintauchen in die Küpe färbten sich die Gewebe zunächst grün und nahmen an der Luft die blaue Farbe an.

Das mit Waid gefärbte Blau soll haltbarer sein als das Indigoblau.

6.7. Pflanzen und Färbeverfahren für Violett

Violett färben kann man mit den Beeren von Zwerg-Holunder, Heidelbeeren, Holunderbeeren, schwarzen Johannisbeeren und Mahonienbeeren. Das Spektrum der sich daraus ergebenden violetten Farben reicht von Rotviolett bis Braunviolett. Heidelbeeren und Holunderbeeren waren typische pflanzliche Rohstoffe in der Hausfärberei des einfachen Volkes. Am Beispiel der Heidelbeeren hat der schwedische Naturforscher *Carl von Linné* darauf verwiesen /30/:

»Die reifen Beeren sind schwarz und mit einem feinen blauen Staube bedeckt, und enthalten einen dunkelrothen Saft, welcher die Hände und Lippen, wo solche davon berühret werden, sehr stark schwärzlich oder dunkelblau färbet ... sie werden von gemeinen Leuten gesammelt ... man soll auch die Wolle damit blau oder violett färben können.«

Allgemein gilt für die auf diesem Wege durchgeführten Violettfärbungen, daß sie über einen längeren Zeitraum betrachtet nur bedingt lichtecht sind. Man kann diesen Mangel durch sorgfältige Beize, Entwicklung oder Nachbehandlung mindern, aber nicht ausschalten.

Die Bilder 44 bis 49 zeigen die Violettfärbungen mit Zwergholunderbeeren, Heidelbeeren, Holunderbeeren, schwarzen Johannisbeeren und Mahonienbeeren. Tabelle 24 enthält die Mengenverhältnisse und Färbungsarten.

Zur Violettfärbung mit Heidelbeeren soll ergänzend ein Rezept aus *Fr. Rövers* Buch »Der Hausfreund auf dem Lande...« erwähnt werden /25/:

»Violett auf andere Art zu färben. Man kann durch die Beitze in Alaun eine sehr feste violette Farbe auf Leinen bringen. Wenn solche vorher in Alaunwasser eingeweicht werden, kocht man sie mit frischen Heidelbeeren in Wasser einige Stunden, bis sie ihre Farbe von sich gegeben haben. Das Gefärbte wird nun getrocknet, und durch eine gemeine Lauge gezogen, da es denn sehr dauerhaft violett seyn wird.«

Tabelle 24. Charakteristik der Violettfärbungen

Färbender Pflanzenteil	Vorbereitung des Pflanzenteils	Charakteristik der Färbung
Heidelbeeren	tiefgefroren auftauen und verwenden	Vorbeize mit Alaun Heißfärbung 4:1 50 g Beeren/1 l Wasser 2 Stunden köcheln
Holunderbeeren	frisch verwenden entsaften	Alaunbeize, Holundersaft, Wasser in den Topf geben, Heißfärbung 20:1 1 kg Beeren/1 l Wasser 2 Stunden köcheln und in der Küpe verkühlen lassen mehrere Nachfärbungen sind möglich entwickeln mit Kaliumbichromat Nachbehandlung mit Pottasche
Mahonienbeeren	frische Beeren im Mörser zerstoßen	Vorbeize mit Alaun Heißfärbung 10:1 200 g Beeren/1 l Wasser 2 Stunden köcheln

Tabelle 24. (Fortsetzung)

Färbender Pflanzenteil	Vorbereitung des Pflanzenteils	Charakteristik der Färbung
Mahonienbeeren	frische Beeren im Mörser zerstoßen	Heißfärbung 10:1 200 g Beeren/1 l Wasser 2 Stunden köcheln
Schwarze Johannisbeeren	frische Beeren im Mörser zerstoßen	Vorbeize mit Alaun Heißfärbung 10:1 200 g frische Johannisbeeren mit 1 l Wasser und 50 g Speiseessigessenz aufgefüllt 2 Stunden köcheln, durch Nachbehandeln mit Pottaschenlauge kann die Farbe ins Braune verwandelt werden
Zwergholunderbeeren	frisch gepflückte Beeren verwenden	Vorbeize mit Alaun Kaltfärbung Färbegut 2 Tage im Färbebad stehen lassen und herausnehmen (keine Wolle mit Zwergholunder färben, sie verfilzt)
Zwergholunderbeeren		Heißfärbung mit gleichem Färbebad 2 Stunden köcheln
Zwergholunderbeeren		Vorbeize mit Alaun Färbegut 2 Tage in Alkohol stehen lassen, herausnehmen

Die Holunderbeeren enthalten Anthocyanfarbstoffe, Gerbstoffe und mehrere organische Säuren, die die rotvioletten Farben bewirken. Sie können durch Entwickeln mit Kaliumbichromat ins Braune verwandelt werden. Man kann ein Färbebad für mehrere Nachfärbungen benutzen und dadurch schöne Stufenfärbungen erreichen. Bild 47 zeigt einen Pullover, für den die Wolle erst in Holunderstufenfärbungen gefärbt und dann verarbeitet wurde. Bild 48 enthält ein Detail des Pullovers.

Färbungen mit Mahonienbeeren liefern braunviolette Farben, die man durch Beize oder Entwicklung mit Kaliumbichromat vertiefen kann. Es sind Färbungen ohne Beize möglich.

6.8. Pflanzen und Färbeverfahren für Grün

Grün läßt sich, ähnlich wie Gelb oder Braun, mit einer Reihe in Mitteleuropa heimischer Pflanzen färben. Das Spektrum der grünen Farben reicht von einem hellen Gelbgrün bis zu Moos- oder Dunkelgrün. Grüne Farben kann man auf folgenden drei Wegen färben:

1. Färben mit Beize,
2. Entwickeln gelber Farben mit Kupfer(2)- oder Eisen(2)sulfat,
3. Überfärben gelber Farben mit Blau.

Zum Färben mit Beize eignen sich Bärentraubenblätter, Holunderbeeren, Johanniskraut und Kreuzdornbeeren. Bild 50 zeigt Färbeproben, und Tabelle 25 enthält Mengenverhältnisse und Färbungsarten. Dem Anfänger ist besonders das Experimentieren mit den reifen Kreuzdornbeeren zu empfehlen. Sie enthalten

Tabelle 25. Charakteristik von Grünfärbungen mit Beize

Färbender Pflanzenteil	Vorbereitung des Pflanzenteils	Charakteristik der Färbung
Bärentraubenblätter	Blätter trocknen und zerkleinern, 2 Stunden auskochen, abseihen	Heißfärbung Vorbeize mit Kupfersulfat Färbung im Kupferkessel 2 : 1 10 g Blätter/1 l Wasser 2 Stunden köcheln im Färbebad abkühlen
Holunderbeeren	Beeren entsaften	Heißfärbung, Vorbeize mit Alaun 20 : 1 1 kg Beeren/1 l Wasser Zugabe von Pottasche zum Färbebad 2 Stunden köcheln, im Sud abkühlen
Johanniskraut	Kraut trocknen und zerkleinern 2 Stunden auskochen abseihen	Heißfärbung Vorbeize mit Alaun 4 : 1 10 g Kraut/1 l Wasser 2 Stunden köcheln, im Sud abkühlen
Kreuzdornbeeren	reife Beeren etwa Ende September sammeln, auskochen, abseihen	Heißfärbung Vorbeize mit Alaun (es ist auch Vorbeize mit Weinsäure oder Alaun-Weinsäurebeize möglich) 4 : 1 100 g Beeren/1 l Wasser 2 Stunden köcheln im Färbebad abkühlen

den Farbstoff Xanthorhamin, mit dem man von alters her in Europa und Asien gefärbt und gezeichnet hat. Sie färben in Abhängigkeit von der Sammelzeit eine mehr oder weniger grüngelbe Farbe. Für Grünfärbungen sammelt man etwa Ende September die reifen schwarzen Beeren. Früher stellte man aus ihnen durch Zerquetschen und Eindampfen mit einer Lösung von Alaun und Pottasche die Malerfarbe Saft- oder Blasengrün her, die gewöhnlich in einer Tierblase verpackt wurde.

In Asien färbte man mit der Rinde der dort wachsenden Kreuzdornarten Garne und Textilflächen. Das Vorgehen wird folgendermaßen beschrieben /31/:

»... Kocht man die Rinde gewisser Rhamnusarten mit Wasser aus und taucht Baumwollenzeug in die Abkochung, durch die Faser wird ein ungefärbter Stoff fixiert, welcher aber beim Ausbreiten der Gewebe an der Luft allmählich eine grüne Färbung annimmt.«

Zur weiteren Anregung für experimentierfreudige Leser soll ein Rezept aus *Fr. Rövers* Buch »Der Hausfreund auf dem Lande...« dienen /25/:

»Grün zu färben mit Ochsenzunge (Anchusa offic.). Die Ochsenzunge wächst bei uns an den Rändern der Getraidefelder wild. Die Blüthen, welche ihre schöne blaue Farbe nach einigen Tagen in eine röthliche und violette verwandeln, geben eine gute grüne Farbe, wenn der frisch ausgepreßte Saft mit Alaun gekocht und das Leinen hineingesteckt wird.«

Tabelle 26. Charakteristik von Entwicklungsfärbungen für die Farbe Grün

Färbender Pflanzenteil	Vorbereitung des Pflanzenteils	Charakteristik der Färbung
Kraut der gelben Möhre	Kraut 2 Stunden auskochen, abseihen	Heißfärbung 3:1 30 g Kraut/1 l Wasser 1 Stunde köcheln Färbegut aus dem Bad nehmen, Kupfer(2)sulfat aufgelöst dazugeben, Färbegut einlegen, 15 bis 20 Minuten köcheln, bei Zugabe von Eisen(2)sulfat anstelle von Kupfer(2)sulfat ändert sich die Farbe ins Grüngraue
Kraut der Gemeinen Schafgarbe	Kraut zerkleinern, 1 Stunde auskochen, abseihen, Sud verwenden	Vorbeize mit Kaliumbichromat Heißfärbung 4:1 100 g Kraut/1 l Wasser 1 Stunde köcheln Färbegut aus dem Bad nehmen, aufgelöstes Kupfer(2)sulfat dazugeben, Färbegut einlegen, 1 Stunde köcheln, im Bad abkühlen

Tabelle 26. (Fortsetzung)

Färbender Pflanzenteil	Vorbereitung des Pflanzenteils	Charakteristik der Färbung
Gemeines Wurmfarnkraut	trocknen 2 Stunden auskochen, abseihen	Vorbeize mit Alaun, Heißfärbung 5 : 1 30 g Kraut/1 l Wasser 2 Stunden köcheln Färbegut aus dem Färbebad nehmen, Kupfer(2)sulfat dazugeben, wieder einlegen, etwa 15 bis 20 Minuten köcheln, bei Vorbehandlung mit Kaliumbichromat verstärkt sich die grüne Farbe
Kamillenblüten	getrocknete Blüten 2 Stunden auskochen, abseihen	Heißfärbung 1 : 1 25 g Kamillenblüten/1 l Wasser 1 Stunde köcheln, mit Eisen(2)sulfat entwickeln, durch Vorbeize mit Alaun kann die Farbe vertieft werden
Maiblumenblätter	zerkleinern 2 Stunden auskochen, abseihen	Heißfärbung 2 : 1 100 g Blätter/4 l Wasser 2 Stunden köcheln, abkühlen, Färbegut aus dem Bad nehmen, Kupfer(2)sulfat dazugeben, bei langsam ansteigender Temperatur auflösen, Färbegut einlegen 1 Stunde köcheln
Rote Bete Frucht	Restbad einer Färbung mit Alaunbeize	Heißfärbung Kupfer(2)sulfat aufgelöst dazugeben, Färbegut einlegen, 1 Stunde köcheln und im Bad abkühlen
Spinatblätter	zerkleinern, auskochen, abseihen	Heißfärbung, Vorbeize mit Alaun 15 : 1 30 g Spinatblätter/1 l Wasser 2 Stunden köcheln mit Eisen(2)sulfat entwickeln
Blätter von Weiß-Birke, Hänge-Birke	frisch gepflückte Blätter verwenden, 2 Stunden im Kupferkessel auskochen	Vorbeize mit Alaun Heißfärbung im Kupferkessel 2 : 1 100 g Blätter/1 l Wasser Färbegut eine Stunde köcheln und im Färbebad verkühlen lassen es entsteht ein helles Grün, das durch Entwickeln mit Kupfer(2)sulfat verstärkt werden kann

Durch Entwicklungsfärbungen kann man mit Birkenblättern, Gemeinem Wurmfarnkraut, Kamillenblüten, Maiblumenblättern, Möhrenkraut, Roten Beten, Gemeinem Schafgarbenkraut und Spinatblättern Grün färben. Die Bilder 51 und 52 zeigen Färbeproben, und Tabelle 26 enthält die Mengenverhältnisse und Färbungsarten.

Dem Anfänger ist besonders die Arbeit mit Möhrenkraut zu empfehlen. Diese Färbung kann sowohl mit Kupfer(2)- als auch mit Eisen(2)sulfat entwickelt werden. Bei Entwicklung mit Kupfer(2)sulfat erhält man mittlere, leicht ins Gelb gehende Grün, die Entwicklung mit Eisen(2)sulfat liefert mittlere, leicht ins Grau gehende Grün.

Mit einem großen Teil der in Abschnitt 6.2. erwähnten gelbfärbenden Pflanzenteilen kann Grün entwickelt werden. Zur weiteren Anregung soll ein älteres Rezept zur Entwicklungsfärbung mit der Färberscharte (Serratulla tinctoria) beschrieben werden /25/: »Eine andere Farbe, grün zu färben. Erst muß das Leinen in heißem Wasser genetzt werden, als dann wird es in Scharte gelb gefärbt. Man nimmt nemlich auf 1 Pfund Leinen 5 Pfund Färberscharte, und läßt diese eine Stunde in 8 Quart Wasser und 4 Lot Potasche kochen, nimmt das Leinen heraus, und setzt 1/2 Loth Grünspan hinzu, welchen man vorher in Wasser eingeweicht hat. Sogleich legt man das Leinen wieder in die Färbebrühe, und läßt es eine halbe Stunde, oder länger, bis es so gelb ist, als man es verlangt, kochen. Als dann wird das gelb gefärbte Leinen ausgespült und getrocknet. Hierauf legt man solches auf einen Tag in ein Bad, wozu man auf ein Pfund Waare 8 Loth braunes Brasilienholz (Rotholz – d. V.), in 8 Quart Wasser 1 1/2 Stunde gekocht, nimmt. Nachher wird 1/2 Loth Grünspan hinzugethan, und in dieser Brühe noch ein Mal gekocht. Dann wird das Leinen in diesem Bade völlig gefärbt, in dem es solange liegen bleibt, bis es grün wird, welches einen Tag, auch länger dauern kann.«

Bild 53 zeigt einen Schal, für den die Wolle in verschiedenen grünen Farben gefärbt und dann verarbeitet wurde.

Um Grün durch das Überfärben gelber Farben mit Blau herzustellen, kann man auf die in den Abschnitten 6.2. und 6.6. gegebenen Rezepte und Anregungen zurückgreifen.

6.9. Pflanzen und Färbeverfahren für Grau und Schwarz

Graue Farben findet man in der Natur häufig. Schwarz dagegen ist selten und mit pflanzlichen Farbstoffen schwer zu färben. Auf die Schwierigkeit, Schwarz in der Natur zu finden, wies der holländische Maler *Vincent van Gogh* hin /22/:

»Über das Schwarz in der Natur sind wir ganz einig. Absolutes Schwarz kommt eigentlich nicht vor. Es ist jedoch in beinahe allen Farben vorhanden, ebenso wie das Weiß, und bildet die unendlichen, in Ton und Kraft verschiedenen Variationen von Grau, so daß man also in der Natur nichts anderes als diese Töne sieht.«

Bild 38. Ausgegrabene, gesäuberte Labkrautwurzeln

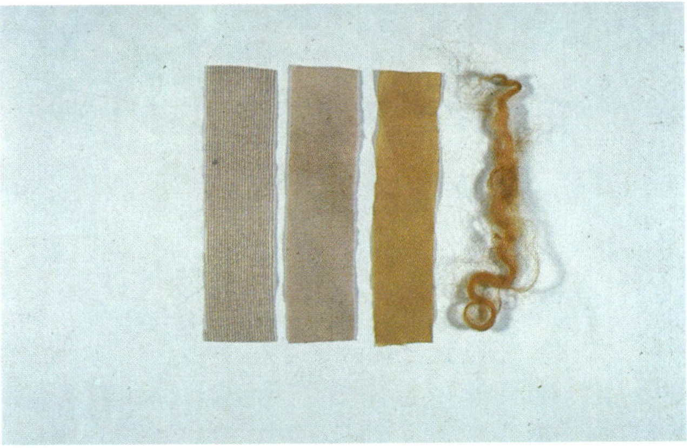

Bild 39. Färbung mit Labkrautwurzeln

Bild 40. Färbung mit innerer Birkenrinde, Schwarzdornbeeren, Zwiebelschalen

Bild 41. Färbung mit Faulbaumrinde, Rotholz

Bild 42. Mischfärbung aus den Restfarbbädern von Krapp, Rotholz, Stockrose

Bild 43. Getrocknete Waidblätter und Waidkugeln

Bild 44. Färbungen mit Attichbeeren, Heidelbeeren

Bild 45. Färbungen mit Holunderbeeren

Bild 46. Färbungen mit Mahonienbeeren

Bild 47. Pullover, für den die Wolle in Holunderstufenfärbung gefärbt und dann verarbeitet wurde

Bild 48. Detail aus dem Schafwollpullover

Bild 49. Färbungen mit schwarzen Johannisbeeren

Bild 50. Färbungen mit Bärentraubenblättern, Holunderbeeren, Johanniskraut, Kreuzdornbeeren

Bild 51. Färbungen mit Möhrenkraut, Roter Bete, Schafgarbe

Bild 52. Färbungen mit Birkenblättern, Farnkraut, Kamillenblüten, Maiblumenblättern

Bild 53. Schal, für den die Wolle in verschiedenen grünen Farben gefärbt und dann verarbeitet wurde

Bild 54. Färbungen mit Birkenasche, Holunderbeeren, Bärentraubenblättern, Roten Beten und eine Mischfärbung

Bild 55. Schal, für den die Wolle mit Schwarzdornbeeren gefärbt und dann verarbeitet wurde

Bild 56. Bärentraube im Sommer

Bild 57. Essigbaumzweige mit charakteristischen Kolben

Bild 58. Faulbaum im August

Bild 59. Faulbaumzweige mit roten Beeren

Bild 60
Blühende Färberkamille

Bild 61. Kultivierte Möhre

Bild 62. Blühende Gemeine **Schafgarbe**

Bild 63. Holunderzweige mit **reifen** Früchten

Bild 64
Blühendes Johanniskraut

Bild 65. Kermesbeere mit reifenden Trauben

Bild 66. Kreuzdorn im August

Bild 67. Kreuzdornzweige mit grünen Beeren

Bild 68. Blühendes weißes Labkraut

Bild 69. Zweige eines Mahonienstrauches mit reifen Beeren

Bild 70. Blühender Rainfarn

Bild 71. Blätter und Früchte der Roßkastanie

Bild 72. Sauerdornstrauch im August

Bild 73. Blühendes Schöllkraut

Bild 74. Schwarzdornzweig mit Früchten

Bild 75. Blätter und Früchte einer Stiel-Eiche im Herbstaspekt

Bild 76. Walnußzweige mit grünen Früchten

Bild 77. Hänge-Birke im August

Bild 78. Blühender Wiesensauerampfer

Bild 79. Zwiebeln

Bild 80. Mit Citocol-Farbstoffen gefärbte Hanfgarne

Bild 81. Farbreihe aus mit Citocol-Farbstoffen gefärbten Proben

Bild 82. Abbinden auf dem Nagelbrett

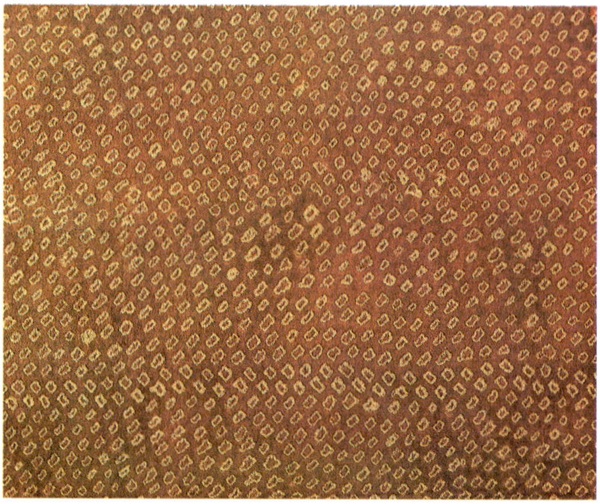

Bild 83. Detail eines Plangistoffes aus der Zeit um die Jahrhundertwende aus Thailand, Museum für Völkerkunde Leipzig

Bild 84. Detail aus einem mehrfach abgebundenen, mit pflanzlichen Farbstoffen gefärbten Plangistoff

Bild 85. Ausschnitt aus marmoriertem Stoff

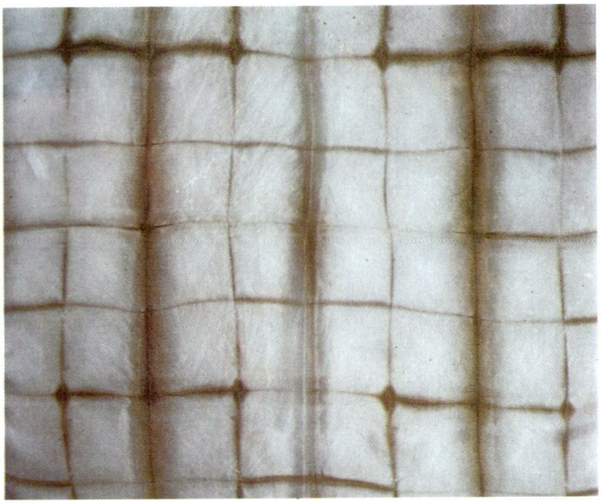

Bild 86. Detail aus einem Stoff, der vollständig zwischen zwei Holzbrettchen eingebunden wurde

Bild 87. Detail aus einem Stoff, der so eingebunden wurde, daß er über die rechteckigen Holzbrettchen hinausragt

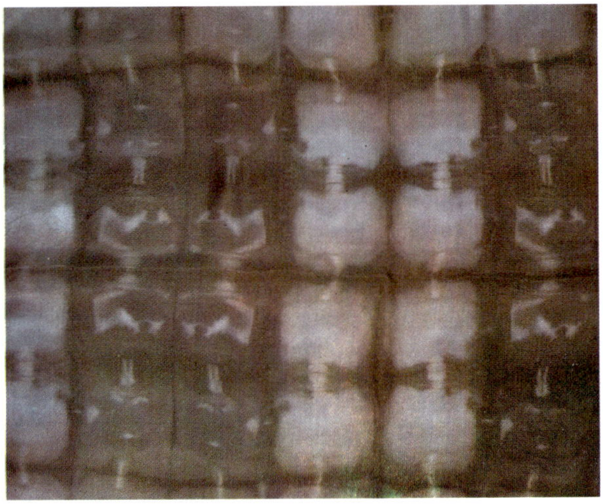

Bild 88. Ausschnitt aus einem Stoff, bei dem die Abbindeschnüre das Muster maßgeblich mitbestimmten

Bild 89. Tuch, das in der Mitte und an jeder Ecke geknotet wurde

Bild 90. Ikat aus Südostasien aus der Zeit um die Jahrhundertwende, Museum für Völkerkunde Leipzig

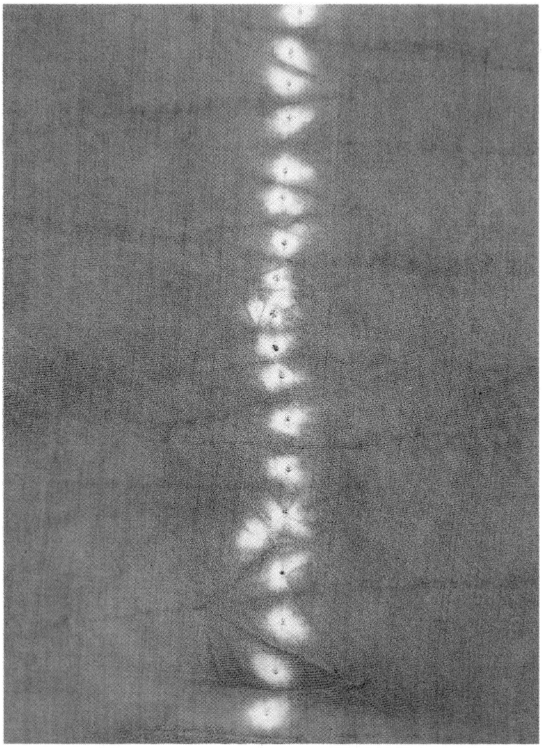

Bild 91. Ausschnitt aus einem Tritikstoff, für den die Nähreserve mit dem Reihstich angefertigt wurde

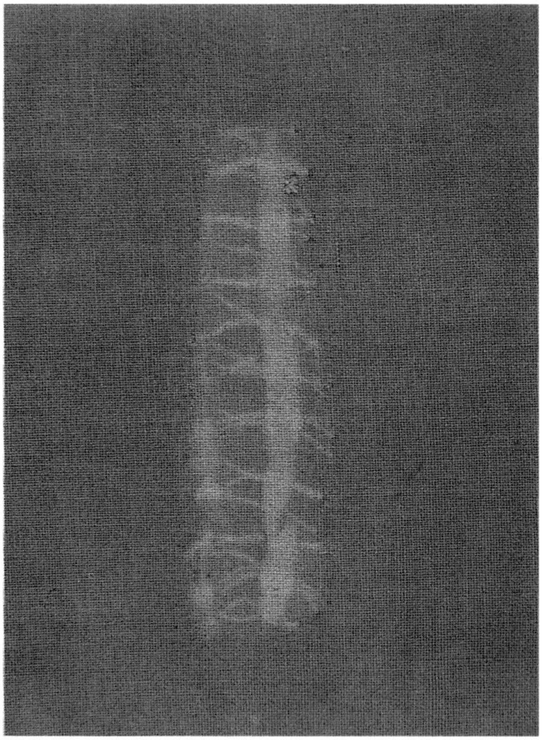

Bild 92. Ausschnitt aus einem Tritikstoff, für den die Nähreserve mit dem Überwendlichstich angefertigt wurde

Bild 93. Detail aus einem in Positivtechnik abgedeckten Tuch

Bild 94. Detail aus einem in Negativtechnik abgedeckten Tuch

Bild 95. Drei indonesische Tjantings, Museum für Völkerkunde Leipzig

Bild 96. Arbeitsweise beim Wachsauftrag

Bild 97. Detail aus einer javanischen Wachsabdeckung aus der Zeit um die Jahrhundertwende, Museum für Völkerkunde Leipzig

Bild 98. Gebatiktes Seidentuch

Bild 99. Gebatiktes zweiteiliges Kleid

Bild 100. Mehrere gebatikte Seidenstoffe

Ähnlich wie Grün kann man graue Farben auf dreierlei Art und Weise färben:

1. als Färbung mit oder ohne Beize,
2. als Entwicklungsfärbung,
3. als Mischfärbung.

Die Färbung ohne Beize ist die einfachste Möglichkeit. Bild 54 zeigt die mit Birkenasche gefärbte Probe, und in Tabelle 27 wird die Färbung charakterisiert. Als Beizenfärbung färben gegorene Holunderbeeren ein Grüngrau.

Graue Farben erreicht man auch durch Entwicklungsfärbung von Farbbädern, insbesondere stark gerbstoffhaltiger Pflanzenteile, mit Eisen(2)sulfat. So kann man mit Bärentraubenblättern ein intensives, besonders auf Seide leuchtendes Grau, mit Roten Beten und unreifen Schwarzdornbeeren ein helles bzw.

Tabelle 27. Charakteristik der Graufärbungen

Färbender Pflanzenteil	Vorbereitung des Pflanzenteils	Charakteristik der Färbung
Asche von Weiß-Birke Hänge-Birke	trockenes Birkenholz verbrennen	Heißfärbung 6:1 200 g Birkenholz/1 l Wasser Birkenasche mit Wasser auffüllen, Färbegut dazugeben, 2 Stunden köcheln
Bärentraubenblätter	getrocknet in der Drogerie gekauft	Vorbeize mit Alaun Heißfärbung 7:1 50 g Blätter/1 l Wasser 1 1/2 Stunde köcheln Färbegut aus dem Färbebad nehmen, dem Bad Eisen(2)sulfat zugeben, abkühlen, Färbegut wieder einlegen, Färbebad erhitzen und etwa 15 bis 20 Minuten köcheln, Färbegut nach Abschluß der Färbung sofort aus dem Bad nehmen
Holunderbeeren	etwa 2 Wochen im Tontopf gären lassen	Vorbeize mit Alaun Heißfärbung 7:1 100 g Beeren/1 l Wasser 2 Stunden köcheln
Rote Bete Frucht	Restbad einer Färbung mit Alaunbeize	Vorbeize mit Alaun Heißfärbung 2 Stunden köcheln mit Eisen(2)sulfat entwickeln

Tabelle 27. (Fortsetzung)

Färbender Pflanzenteil	Vorbereitung des Pflanzenteils	Charakteristik der Färbung
Farbbadreste Birkenrinde, Zwiebelschalen, Mahonienbeeren, Eichenrinde		Heißfärbung 2 Stunden köcheln Färbegut herausnehmen Eisen(2)sulfat ins Färbebad geben, abkühlen, Färbegut wieder einlegen, Bad erhitzen und etwa 15 bis 20 Minuten köcheln, Färbegut nach Abschluß der Färbung sofort aus dem Bad nehmen
Schwarzdornbeeren	grüne Schwarzdornbeeren etwa Ende August ernten, einweichen über Nacht, mit dem Mörser zerstoßen und auskochen	Heißfärbung 4 : 1 400 g Schwarzdornbeeren/1 l Wasser 2 Stunden köcheln, Färbegut herausnehmen und Eisen(2)sulfat ins Färbebad geben, abkühlen, Färbegut wieder einlegen, Bad erhitzen und etwa 15 bis 20 Minuten köcheln, Färbegut sofort aus dem Bad nehmen, gründlich spülen

mittleres Grau färben. Dem Anfänger ist besonders die Färbung mit Bärentraubenblättern zu empfehlen (vgl. Tabelle 27 und Bild 54). In Bild 55 ist ein Schal zu sehen, für den die Wolle mit unreifen Schlehenbeeren gefärbt und dann verarbeitet wurde.

Zur Anregung für experimentierfreudige Leser soll noch ein altes Rezept aus *Fr. Rövers* Buch »Der Hausfreund auf dem Lande...« /25/ beschrieben werden:

»Aschgrau zu färben. Auf 2 Pfund Leinen, oder 6 Ellen, nimmt man 1/4 Pfund Gallus, stößt ihn klein, und läßt ihn in 6 Quant Wasser eine gute Stunde sieden. Dann nimmt man 6 andere Quant Wasser, und läßt darin 1/2 Pfund Kupferwasser zergehen. Dann zieht man das Leinen durch die erste Brühe, ringt es aus, zieht es durch die andere Brühe, wodurch eine schöne aschgraue Farbe entsteht.«

Bei Mischfärbungen kommt Grau immer dann zustande, wenn entweder die drei Grundfarben Rot, Gelb und Blau zu gleichen Teilen oder die Komplementärfarben, d. h. Gelb und Violett, Rot und Grün, Blau und Orange oder zwei Sekundärfarben, z. B. Grün und Violett, gemischt werden. Farbbäder für Mischfärbungen stellt man her, indem man die Pflanzenteile nach Farben getrennt auskocht, mischt und so verwendet. Für Mischfärbungen kann man sehr gut bereits benutzte Bäder heranziehen. Bild 54 zeigt eine Mischfärbung aus Farbbadresten von Birkenrinde, Zwiebelschalen, Mahonienbeeren und Eichenrinde, die mit Eisen(2)sulfat entwickelt wurde.

Haltbare schwarze Farben lassen sich nicht auf einen Zug färben. Dazu ist es erforderlich, das Färbegut zunächst in einem möglichst dunklen Ton zu färben (dieser Vorgang wird als Grundieren bezeichnet) und anschließend so dunkel als möglich zu überfärben. Klassische Farbzüge für Schwarzfärbungen sind Grundieren mit dunklem Indigo- oder Waidblau und Überfärben mit Walnußschalen oder Walnußwurzeln oder Verwendung von naturbrauner Wolle, die mit Bärentraubenblättern oder Galläpfeln überfärbt wird.

6.10. Beschreibung ausgewählter Färbepflanzen

Bärentraube – Arctostaphylos uva ursi
Die Bärentraube ist ein immergrüner Kleinstrauch, der auf Heideplätzen, in sandigen, lichten Nadelwäldern von Nord- und Mitteleuropa sowie in Gebirgen Südeuropas und auch Nordamerikas vorkommt. Aus der Wurzel entspringen mehrere ästige Stengel, die am Boden niederliegen, oft rasenartig wachsend. Die Stengel werden häufig 30 bis 90 cm lang und wurzeln am Boden.

Die Blätter sind verkehrt eiförmig, stumpf oder schwach ausgerandet, oben dunkel-, unten hellgrün, dickledrig und kahl. Sie stehen auf einem kurzen Stiel wechselständig an den Ästchen. Die krugförmigen Blüten entwickeln sich im Mai/Juni in kurzen Trauben, sind rötlichweiß und am Grunde fast durchsichtig. Die Beeren stehen über dem Kelch, werden ungefähr so groß wie Erbsen und scharlach- bis schwärzlichrot, wenn sie reif sind. Sie enthalten mehrere Samen und schmecken herb. Vögel und Bären fressen sie gern.

Die Blätter enthalten Gerbstoff, Gallussäure und apfelsaure Salze. Sie werden zum Färben gesammelt. Bild 56 zeigt Bärentraube im Sommer.

Birnbaum – Pyrus communis
Der Birnbaum wächst in Europa nahezu überall auf frischem, gutem Boden und kann, wenn er frei steht, bis zu 20 m hoch werden. Neben vielen Kultursorten in Gärten kommen Wildbirnen in Gebüschen, Hecken und an Waldrändern in fast ganz Europa vor. Bei älteren Bäumen ist die Rinde am Stamm schwärzlichgrau, rauh und aufgesprungen, aschgraubräunlich, glatt und mit weißen Punkten besetzt.

Die Äste sind meist nach unten gebogen, die Blätter stehen abwechselnd. Sie sind eirund, am Rande gesägt, oben dunkel-, unten hellgrün, beiderseits glänzend und glatt. Die Blätter erscheinen im April mit den Blüten und fallen im November ab. Die Blüten bilden sich je nach Witterung im April bis Mai aus den eirunden, dunkelbraunen Blütenknospen heraus. Sie stehen zu 6 bis 12 in einer Dolde und haben einen angenehmen Geruch. Die Kronenblätter sind weiß, in der Knospe etwas rötlich angelaufen. Im Herbst bilden sich aus den Blüten die bekannten, etwa 5 bis 15 cm langen Früchte. Diese haben 5 zweisamige Fächer und eine rostgelblichpunktierte Oberhaut.

Zum Färben sammelt und verwendet man die frischen Blätter.

Curry – Curry-Mischungen

Curry ist eine Gewürzmischung, die ursprünglich aus Indien stammt und sich von dort aus über Asien, Europa, Amerika und Australien verbreitet hat. In der Regel besteht die Curry-Mischung aus 7 bis 12 Komponenten. Sie kann aber auch, je nachdem, wo und für welchen Geschmack sie hergestellt wird, bis zu 20 oder 24 Komponenten umfassen. Grundbestandteile aller Curry-Mischungen sind das Curry-Blatt (kann dort, wo es nicht vorhanden ist, durch Bockshornklee ersetzt werden) und das Pulver der Kurkumawurzeln. Als Beispiel soll die Zusammensetzung von westeuropäischem Curry (fein, einfach), der in der Lebensmittelindustrie und im Haushalt verwendet wird, genannt werden /32/:

Hauptbestandteile		*Zusätzliche Bestandteile*	
1. Kurkuma	30 %	5. Ingwer	20 %
2. Koriander	20 %	6. schwarzer Pfeffer	5 %
3. Bockshornklee	10 %	7. Zimt	5 %
4. Cayenne-Pfeffer	5 %	8. Nelken	5 %
insgesamt	65 %	insgesamt	35 %

Essigbaum – Kolben – Sumach – Rhus typhina

Der Essigbaum stammt aus dem östlichen Nordamerika und wächst heute auch in allen anderen europäischen Ländern; meist in Parkanlagen, Rabatten und Gärten. Er ist ein 3 bis 6 m hoher vielstämmiger Strauch, selten kleiner Baum, mit ausgebreiteten Ästen.

Die jungen Triebe und die zweijährigen Zweige sind samtig behaart. Die Blätter stehen wechselweise und sind gefiedert und aus 7, 11 bis 15, mitunter bis 31 Blättchen zusammengesetzt. Die Blättchen sind länglich, lanzettlich, in eine Spitze auslaufend. Sie sind auf der Oberseite ziemlich glatt und dunkler grün als auf der z. T. behaarten Unterseite. Wenn man die Blätter abbricht, sondern sie an der Bruchstelle einen milchigen Saft ab.

Die Blüten erscheinen im Juni/Juli an den Enden der Zweige in bis zu 20 cm langen dichten Rispen. Sie sind klein und haben eine grünlichgelbe Farbe. Die sich entwickelnden Früchte befinden sich in borstig behaarten, aufrecht stehenden, kolbenartigen Fruchtständen und zeigen eine rote Farbe. Die Früchte sind im September/Oktober voll entwickelt. Um diese Zeit färben sich auch die Blätter rötlich, teilweise auch orange, und fallen ab. Die Früchte legte man von alters her in Essig, um ihn zu färben (»zu schönen«). Sie enthalten einen rötlichen Farbstoff. Holz, Rinde, Blätter und Früchte sammelt man zum Gerben und Färben. Bild 57 zeigt Essigbaumzweige mit den charakteristischen Kolben.

Faulbaum – Frangula alnus

Der schwedische Naturforscher *Carl von Linné* beschreibt den Faulbaum folgendermaßen /33/:

»Dieser Strauch oder Baum (denn er kommt in beyderley Gestalt vor) wächset in allen sowohl nördlichen als auch südlichen Ländern von Europa wild, und zwar ziemlich häufig, er liebet zu seinem Aufenthalte vornehmlich feuchte Wälder, wie auch sumpfige Wiesen, Moraste, Wassergräben, und andere nasse Plätze, auf trockenen und sonnichten Stellen findet man ihn nicht.

Er wird auch Hundsbaum, Lausbaum, Lauseholz, Pulverholz, Pinnholz, Zapfenholz, Schiesbeere, Knitschelbeere, Sporgelbeerbaum ... genennet.

Sein einfacher oder vielfacher Stamm wächst selten über 12 Schuh hoch, und zu keiner beträchtlichen Dicke und er hat ein mürbes, weiches, blasses oder röthliches, und bey alten Bäumen hellrothes Holz, das aber mit der Zeit dunkler wird, und eine glatte, dunkelgraue, weislichtgefleckte äußere und eine gelbe innere Rinde.

Die Blätter stehen wechselweise auf Stiehlen ... sind eirund, länglicht, ganz ungezähnt und ungekerbt, glatt und glänzend grün..., die größten derselben sind bey drey Zoll lang und zween Zoll breit. Die Blumen zeigen sich im Mai oder im Junius und Julius, und die Beeren werden im August und September reif, zu welcher Zeit auch manchemal Blumen zum zweytenmal herfürkommen, so daß man alsdann Blumen neben halbreifen und ganz reifen Früchten zugleich findet. Die Blumen sind klein, blaßgrün, fünfspaltig, und wachsen auf kurzen einfachen Stielchen in kleinen Häuflein in den Winkeln der Blätter.

... Die Beeren sind ungefähr so wie Wacholderbeeren, anfänglich grün, hernach roth, und zuletzt, wann sie völlig reif sind, schwarz. Sie enthalten in einem blauen süßlichten Safte zween ziemlich große, rundlichte, zusammengedrückte gelbe Samen...«

Zum Färben sammelt und verwendet man die gut gelagerte Rinde. Die Bilder 58, 59 zeigen einen Faulbaum im August und Faulbaumzweige mit roten Beeren. Er kommt bei uns in feuchten Gebüschen und Wäldern, auch in Heidemooren, verbreitet vor.

Färberkamille – Anthemis tinctoria

Die Färberkamille gedeiht an trockenen kalkhaltigen Standorten. Sie wird ungefähr 40 bis 60 cm hoch. Die Pflanze wächst häufig an Weg- und Ackerrändern, an Bahndämmen und Mauern und kommt nach Norden zu seltener vor.

Sie bildet im Frühjahr einfache oder ästige Stengel mit meist doppelt fiederteiligen Blättern mit gesägten Zipfeln heraus. Stengel und Blätter sind leicht graubehaart.

Die Färberkamille blüht von Juni bis September. Dabei entwickelt sie an den Sproßenden im Verhältnis zur gesamten Pflanze relativ große Blütenkörbe. Im Unterschied zur Acker- oder römischen Kamille sind die Zungenblüten intensiv gelb. Gefärbt wird mit den gerbstoffhaltigen Blütenköpfen. Blühende Färberkamille im August ist in Bild 60 zu sehen.

Färberwaid. Deutscher Indigo – Isatis tinctoria

Der Färberwaid wächst an ruderal beeinflußten, kalkhaltigen, trockenen Standorten in Süd- und Mitteleuropa und in Westasien. Er wurde früher häufig auch angebaut.

Die Pflanze treibt aus der Wurzel einen Stengel, der ungefähr 40 bis 60 cm hoch wird, steif und kahl ist und in einem rispigen Blütenstand endet. Die unteren Blätter sitzen auf kurzen Stengeln am Stiel, die oberen Blätter umfassen mit ihrer pfeilförmigen Basis den Stengel (ähnlich wie beim Sauerampfer). Sie sind graugrün, länglich, stumpf, ganzrandig und pfeilförmig.

Der Waid blüht im Mai/Juni. Die in der vielblütigen Rispe stehenden Kelch- und Kronblätter sind gelbgefärbt. Die Früchte sind schwarze, glänzende, längliche Schötchen. Die Pflanze riecht beim Zerreiben wie Rettich und schmeckt anhaltend bitter.

Zum Färben verwendet man die Waidblätter.

Gelbe Möhre, Karotte – Daucus carota

Die Möhre wächst häufig wild auf trockenen Wiesen, Rainen, trockenen Plätzen und Triften. Sie kommt in ganz Europa, Nordasien und Nordamerika vor und wurde wegen ihrer wohlschmeckenden und nahrhaften Wurzel in Kultur genommen und weitergezüchtet.

Die Möhre bildet einen gegliederten grünen Stengel, Blätter und eine senkrecht in der Erde steckende Rübe aus. Der Stengel mit den Verzweigungen wird bis zu 60 bis 90 cm hoch. Die Blätter der Möhre sind im ersten Jahr des Anbaues grundständig. Im zweiten Jahr schiebt der Blütenschaft, an dem sich stengelständige Blüten befinden. Sie sind mehrfach gefiedert, oben glatt und glanzlos und auf der Unterseite an den Blattnerven behaart. Die Möhre bildet von Juni bis August Blütendolden aus. Die grundständigen Rosettenblätter sind dann nicht mehr vorhanden. Die wilde Möhre bildet in der Mitte der Dolde eine rote Blüte aus. Die Dolde besteht aus Döldchen mit weißen Blüten.

Bei der wilden Möhre ist die Wurzel länglich, dünn und schmutziggelb. Die kultivierte Möhre hat einen goldgelb-rotorangefarbenen Wurzelstock, der je nach Kultur unterschiedlich lang und dick ist.

Zum Färben sammelt man das grüne Kraut im ersten Jahr des Anbaues der Möhre. Bild 61 zeigt eine kultivierte Möhre.

Gemeine Kiefer, Föhre – Pinus sylvestris

Die Kiefer wächst in Europa sowie in Nord- und Westasien auf sandigen Böden in Waldbeständen. Sie kann unter günstigen Bedingungen ein Alter von 400 Jahren erreichen und bis zu 48 m hoch werden. Die Kiefer hat eine unten rissige, weiter oben und bei alten Ästen eine dünnschuppige braunrote Rinde. Ihre Nadelblätter sind derb, stachelspitzig und stehen jeweils zu zweit an einem Kurztrieb. Sie sind immergrün und bleiben etwa 5 Jahre erhalten. Die Zapfen sind eikegelförmig, spitzig, unreif grün, im zweiten Jahr graubraun. Die jungen Zapfen stehen häufig einzeln, sind eirund und purpurrötlich. Sie werden erst im zweiten Jahr reif und haben dann in 8 Reihen stehende holzige Schuppen, die länglich, etwas dreiseitig und schwärzlich sind und braunrote, eilängliche Samen, die erst im dritten Jahr aus dem Zapfen fallen.

Zum Färben sammelt und verwendet man die reifen braunen Zapfen.

Gemeine Schafgarbe – Achillea millefolium
Die Gemeine Schafgarbe wächst in Mitteleuropa häufig an Wegen und Ackerrändern, auf Wiesen und Triften.

Sie ist ein Kraut mit dicker Grundachse, die sich ausläuferartig im Boden verbreitet und aus der die Sprosse im Frühjahr aufsteigen. Daraus entwickeln sich aufrechte, 15 bis 30 cm (zum Teil auch bis 1 m) hohe Stengel, die jung wollig behaart und wenig verzweigt sind. Die Blätter sind doppelt-fiederspaltig-zusammengesetzt, länglich und stehen wechselständig an den Stengeln.

Die Schafgarbe blüht von Juni bis Oktober. Die Blütenköpfchen sind klein und bilden eine dichte zusammengesetzte Doldenrispe, die an den Enden der Stengel steht. Die Blütchen sind weiß, die Randblüten zuweilen rosa. Die Früchtchen sind länglich, oben etwas breiter und blaßgraulichgelb. Zum Färben sammelt man das gesamte Kraut. Bild 62 zeigt blühende Schafgarbe.

Gemeiner Wurmfarn – Dryopteris filix – mas
In lichten Mischwäldern und Nadelholzforsten sind eine Anzahl Farnarten sehr verbreitet. Sie haben einen im Boden kriechenden Hauptstamm, aus dem sich die einzelnen Wedel herausbilden.

Ein wichtiger Vertreter der Waldfarne ist der gemeine Wurmfarn. Er hat doppelt gefiederte, dunkelgrüne Wedel, die 50 bis 150 cm lang werden können. Die linealen Blättchen der Fieder sind nach oben hin kurz zugespitzt oder stumpf kerbig gesägt. Im Juli bis September erscheinen an der Unterseite der Blätter die von einem zarten Schleier geschützten Sporenkapseln.

Zum Färben kann man die Wedel sammeln und verwenden. Auch die Wedel anderer Farnarten eignen sich zum Färben.

Heidelbeere – Vaccinium myrtillus
Die Heidelbeere wächst in bodensauren Laub- und Nadelwäldern und auf Heiden im nördlichen und mittleren Europa.

Die dünnen, aufrechten, holzigen Sprosse können 15 bis 50 cm hoch werden und sind mit wechselständigen, kurzgestielten Blättern besetzt. Die Blätter sind eiförmig bis oval, feingesägt, stumpf oder stachelspitzig. Sie sind hellgrün bis rötlichgrün. Die Blüten entspringen einzeln in den Winkeln der Blätter. Sie sind rosa bis dunkelrot und hängen an kurzen Stielchen. Die Heidelbeere blüht im Mai/Juni.

Aus den Blüten entwickeln sich die violettschwarzen Beeren. Diese sind im August reif und dann mit einem feinen blauen Reif bedeckt und enthalten einen dunkelroten Saft. Sie schmecken angenehm süß. Die frischen Beeren sammelt man zum Färben.

Holunder, Schwarzer Holunder – Sambucus nigra
Der schwarze Holunder kommt als 3 bis 7 m hoher Stauch mit weit ausgebreiteten Ästen in Europa häufig an Feld-, Wald-, Wegrändern, auf Höfen und in Gärten vor.

Die älteren Äste haben eine graue rissige Rinde. An jungen Zweigen ist die Rinde glatt und braunwarzig. Die Äste haben im Innern eine sehr weite Röhre, die mit lockerem Mark gefüllt ist und um die sich nur ein dünner Holzmantel legt. Daher rührt auch der Name Holunder, was soviel bedeutet wie hohler Baum. Mit zunehmendem Alter wird der Holzmantel dicker, und die Markröhre verengt sich.

Junge Triebe des Holunder können in einem Jahr 2 bis 3 m Höhe erreichen. Die Holunderblätter sind unpaarig gefiedert, d. h., an einem Blattstiel sitzen 2 bis 3 Paar gegenständiger Fiederblättchen und ein endständiges Fiederblatt. Die einzelnen Blättchen sind länglich, kahl und am Rand gesägt. Die Blätter entwikkeln sich ab März und fallen ungefähr im Oktober ab. Der Holunder blüht im Juni/Juli. Die aus zahlreichen Einzelblüten bestehenden Blütenstände sind Trugdolden von 10 bis 15 cm Durchmesser. Die Blüten sind weiß und duften sehr stark. Die Steinfrüchte, die sich vor allem im September aus den Blüten entwickeln, sind rundlich, anfangs grün und werden später dunkelrot bis schwarz. Auch die Äste der Trugdolde färben sich mit der Fruchtreife rot. Zum Färben sammelt man die reifen Früchte (Bild 63).

Isländisches Moos – Cetraria islandica
Das isländische Moos ist eine Bodenflechte, die an sonnigen, trockenen Waldplätzen vom Tiefland bis ins Hochgebirge vorkommt. Sie wächst am häufigsten im Norden Europas. Bei uns findet man sie vor allem in den Mittelgebirgen, häufig zwischen Moos und Gras oder ins Heidekraut eingebettet.

Ihre blattartige, höchstens 0,5 mm dicke, etwa handgroße Ausgangsfläche (Lager) ist in breitere oder schmalere, oft rinnenförmig gebogene oder krause, grob gewimperte Lappen geteilt. Diese sind etwa 1 bis 1,5 cm breit, je nach Besonnung des Standortes an der Oberseite grünlich-dunkelbraun und leicht silberweiß auf der Unterseite.

Zum Färben verwendet man die gesamte Flechte. Sie kann das ganze Jahr über gesammelt werden.

Johanniskraut, Tüpfel-Hartheu – Hypericum perforatum
Das Johanniskraut wird 15 bis 80 cm hoch. Es wächst in Europa und Westasien und kommt vor allem an Wegrändern, Feldrainen, auf Trockenrasen und in lichten Wäldern vor. Sein Stengel steht aufrecht, ist stielrund und mit 2 Längsleisten. Die Zweige stehen in den Achseln der einfachen, eirunden oder länglichen ganzrandigen Blätter. Die Blätter stehen einander gegenüber und haben einen etwas hervortretenden Mittelnerv.

Das Johanniskraut fängt um das Johannisfest (24. 6.) jedes Jahres zu blühen an. Die Blüten sind zu dichten Trugdolden vereinigt. Sie haben dunkelgelbe Kronenblätter. Nach der Blüte bildet das Johanniskraut eine rötlich-braune dreifächerige Fruchtkapsel, die kleine längliche Samen enthält.

Charakteristisch für das Johanniskraut sind feine durchscheinende dunkle Punkte in den Blättern und Blütenblättern (daher auch die lateinische Bezeichnung perforatum – durchbohrt). Diese enthalten ätherische Öle und den Farbstoff Hypericumrot. Man sammelt deshalb zum Färben das gesamte Kraut und die Blütenblätter (Bild 64).

Kaffee – Coffea arabica

Kaffeebohnen sind Samen von Coffea arabica, dem ursprünglich in Arabien heimischen Kaffeebaum.

Der Samen ist in eine rote Beere eingebettet. Durch Zerquetschen der Beere gewinnt man die Kaffeebohnen, die anschließend gewaschen und getrocknet werden. Die Bohnen werden noch geschält und danach in die meist in den Importländern gelegenen Röstereien versandt. Beim Röstprozeß färben sich die Kaffeebohnen braun und entwickeln ihr charakteristisches Aroma. Zum Färben verwendet man die Kaffeebohnen.

Kartoffel, knolliger Nachtschatten, Erdapfel, Erdbirne, Grundbirne – Solanum tuberosum

Die Kartoffel stammt aus Südamerika und ist erst Ende des 16. Jahrhunderts nach Europa eingeführt worden. Auf Grund umfangreicher Züchtungsarbeiten kann sie heute in vielen Klimagebieten der Welt als Nutzpflanze angebaut werden. Sie wird als einjährige krautige Pflanze angebaut. Die Kartoffelknollen sind die verdickten Enden unterirdischer Sprosse. Ihr Laub besteht aus runzligen, zusammengesetzten Fiederblättern. Die Blüten stehen in Blütenständen. Die Farbe der Kronblätter variiert je nach Sorte. Die Pflanze blüht von Juli bis Oktober. Anschließend entwickeln sich ziemlich große, grüne, glänzende Beeren. Von alters her hat man Stengel, Blätter und Blumen bei der Bereitung des Saffianleders und zum Färben benutzt. Man sammelt auch heute noch dazu das Kartoffelkraut.

Kermesbeere, amerikanischer Nachtschatten – Phytolacca decandra

Die Kermesbeere ist in Nord- und Mittelamerika beheimatet. Inzwischen wächst sie auch zahlreich in den Weinbaugebieten Westasiens und der Mittelmeerländer. Sie wird in Europa häufig als Zierpflanze in Gärten und Parks gezogen, erreicht eine Höhe von ungefähr einem Meter und hat einen krautigen holzigen Stengel, der sich doldenähnlich in alle Richtungen verzweigt. Die Blätter der Kermesbeere sind eirund oder länglich, mit einer stacheligen Spitze, die unteren Blätter sind ungefähr 25 cm lang, die oberen kürzer. Sie sitzen auf kurzen Stielen. Die Blüten entwickeln sich im Juni/Juli in aufrechten, ungefähr bis zu 20 cm langen Trauben. Sie sind rötlichweiß. An den Trauben bilden sich im August aus den Blüten die Beeren. Diese sind erst grün und werden mit zunehmender Reife rot bis glänzendschwarzviolett. Die Beeren sind aus 8 kleineren Beerchen zusammengesetzt, die die Samen enthalten.

Die Beeren wurden von alters her zum Färben von Zuckerwaren, Speisen, Wein, Wolle und Seide verwendet. Man sammelt sie, wenn sie ganz reif (schwarzviolett) sind. Bild 65 zeigt eine Kermesbeere mit reifenden Trauben.

Kreuzdorn – Rhamnus catharticus

Der Kreuzdorn wird von dem schwedischen Naturforscher *Carl von Linné* folgendermaßen beschrieben /33/:

»Ist bald ein Strauch, bald ein Baum von mittelmäßiger Größe, ungefähr wie ein Pflaumenbaum, dessen Stamm aber nicht leicht über einen halben Schuh dick wird, und ein festes weißes oder blaßbraunes Holz mit einem roten Kern und eine glatte braune Rinde hat. Er wächset in allen Ländern von Europa in Hecken und Gebüschen, zuweilen auch an freien Plätzen wild, und kommt in jedem Boden fort, ausgenommen morastigem nicht. Seine Äste und Zweige stehen ziemlich gerade gegeneinander über und kreuzweise und haben an den Enden einen geraden und spitzigen Dorn. Die Blätter stehen auf ziemlich langen Stiehlen, teils gegeneinander über, teils wechselweise und sind eirund, spitzig und sägeartig gezähnt.

Die kleinen gelblichtgrünen Blumen zeigen sich im Mai oder Junius, und sitzen auf kurzen einfachen Stielchen gleichsam in wirtelförmigen Büschelchen an den Winkeln der Blätter und an den kurzen dornichten Zweigen herum...

Die Beeren werden im September oder October reif, sind zierlich rund, glänzend schwarz, haben ungefähr die Größe großer Erbsen und enthalten in einem grünen saftigen Marke meistens 4 dicke, eyrunde, etwas dreyeckige Samen. Die Beeren haben einen schwachen unangenehmen Geruch, und einen widrigen schleimichtsüßen Geschmack (ein wenig bitter und scharf).

Überdiß sind sie in der Färberey auf mancherley Art nützlich, wenn man sie nämlich, ehe sie ganz reif werden, und also ungefähr im Augustmonat sammlet und trocknet, so kann man mit Alaunwasser eine schöne safrangelbe und zum Färben des Leders und der Spielkarten dienliche Farbe herausziehen. Im Herbste aber, wenn sie völlig reif sind, färben sie grün und geben dem Garn, besonders wenn es vorher mit Birkenblättern gesotten worden, eine schöne grüne Farbe, auch kann man alsdann das sogenannte Saftgrün daraus verfertigen, wenn man einen ausgepreßten Saft derselben mit ein wenig Alaun oder mit Essig und Alaun mischt, gelinde und vorsichtig trocknet, welches eine schöne grüne Wasser- oder Saftfarbe vor die Maler ergibt.

Wenn man sie endlich überreif werden lässet, und sie zu dem Ende erst gegen Martini oder gegen das Ende des Novembers sammelt, so geben sie einen scharlachrothen oder dunkelpurpurrothen Saft, welcher zu Spielkarten und zum Färben des Leders gebraucht werden kann.«

Die Bilder 66 und 67 zeigen einen Kreuzdorn im August und Zweige mit grünen Beeren. Wir finden ihn bei uns in Gebüschen und lichten Wäldern, auf sonnigen und steinigen Süd- und Westhängen von Bergen.

Kurkuma, langer Gelbwurz. Tumerik – Curcuma longa

Die Heimat der Kurkuma ist Südasien, wo sie auch in vielen Gebieten angebaut wird. Charakteristisch für die Kurkuma sind die stärkereichen knolligen handförmigen unterirdischen Sprosse. Sie sind außen blaß- und innen schön dottergelb und enthalten den gelben Farbstoff Curcumin.

Die Kurkumawurzel wird nach Europa exportiert und kann zum Färben verwendet werden.

Labkraut – Galium species
Es gibt viele Labkrautarten, die sich alle aus einem ähnlichen, federkieldicken, rotbraunen unterirdischen Sproß entwickeln, der das zum Färben verwendbare Alizarin enthält. Aus dem Rhizom bilden sich die Stengel, an denen die Blättchen in Quirlen zu viert, sechst, acht bis zwölft stehen. Die Blätter sind lanzettlich, stachelspitzig, auf der Oberseite glänzend und unten mattgrün.

Das Labkraut blüht von Mai bis August, d. h., man findet blühende Pflanzen neben verblühten und heranwachsenden. Die Blütenrispen entwickeln sich an den Enden der Zweige, sind stark verästelt und enthalten Blüten mit weißen, gelblichweißen oder gelben Kronblättern. Die Labkrautstengel werden ungefähr 30 cm hoch. Mit am verbreitetsten sind das weiße Labkraut (Galium mollugo), das häufig auf Wiesen, an Rainen, Wegrändern usw. wächst, und das gelbe Labkraut (Galium verum), das gelbe Blüten hat.

Das Rhizom sammelt man am besten vor der Blüte, da es zu diesem Zeitpunkt die größte Färbekraft hat. Es läßt sich gut mit einer kleinen Hacke aus dem Erdreich entfernen. Bild 68 zeigt blühendes weißes Labkraut.

Lilie, weiße Lilie – Lilium candidum
Die Lilie ist ein Zwiebelgewächs. Man findet sie als Garten- oder Zierblume in Europa überall. Sie wird etwa 50 cm bis 1 m hoch. Ihre Blätter sind schmal, ganzrandig, parallelnervig, saftreich und legen sich am Grunde scheidenartig um den Stengel. Die Blüten stehen im Juni/Juli einzeln am oberen Teil des Stengels. Sie sind weiß, glockig, aufrecht und innen kahl. Die Blüten riechen angenehm.

Zum Färben sammelt man die Blätter und Blüten.

Mahonie – Mahonia aquifolium
Die Mahonie ist ein Strauch von etwa 1 bis 1,5 m Höhe, der häufig als Ziergewächs in Parks, Gärten oder anderen Anpflanzungen zu finden ist. Er hat einen schwärzlich-braunen Stamm und Zweige mit immergrünen lederartigen gefiederten Blättern, deren Enden stark gezähnt sind. Die Blätter sind länglich zugespitzt und haben eine Länge von etwa 5 bis 7 cm.
Die Mahonien blühen im Mai und im Juni und bilden im September/Anfang Oktober Trauben mit blaubereiften Beeren. Die Beeren sind etwa 1/2 cm lang und 1/2 cm breit. Sie haben im Innern einen violetten Saft und 3 bis 9 längliche Samen. Die Beeren werden zum Färben gesammelt.

Bild 69 zeigt Zweige eines Mahonienstrauches mit reifen Beeren.

Maiblume, Maiglöckchen – Convallaria majalis
Das Maiglöckchen wächst in schattigen Laubwäldern in fast ganz Europa und dem nördlichen Asien. Die Wildbestände stehen unter Naturschutz. Es ist aber auch als Zierpflanze in vielen Gärten zu finden.

Aus seinem kriechenden Rhizom entwickeln sich im Frühjahr Ausläufer mit je 2 Blättern und einem Blütenschaft. Die Blätter sind grundständig, 15 bis 25 cm lang und 3 bis 5 cm breit. Sie sind elliptisch zugespitzt und grün. Der Blütenschaft läuft in einer überhängenden 6- bis 12blütigen Traube aus. Die Blüten sind hängend, weiß und wohlriechend. Nach der Blütezeit bilden sich am Blütenschaft rote Beeren aus, die giftig sind. Zum Färben sammelt man die grünen Blätter.

Pfirsichbaum, persischer Mandelbaum – Prunus persica
Der Pfirsichbaum stammt vermutlich aus Persien, wird aber häufig in südlichen und gemäßigten Gegenden kultiviert und in Europa häufig in Gärten, in Südeuropa auch in Plantagen angebaut. Er wird ungefähr 2,50 m bis 3 m hoch, der Stamm ungefähr 15 cm dick und nach oben dünner. Die Äste stehen nach allen Seiten ab. Die Blätter wachsen auf kurzen Stielen, sind lanzettlich zugespitzt, kahl und gesägt. Die Blüten bilden sich im Frühjahr heraus, haben einen behaarten, braunroten Kelch und weiß bis rosafarbene Kronblätter.

Die runde Frucht entwickelt sich im Herbst, kann einen Durchmesser bis zu 8 cm haben, hat einen samtartigen filzigen Überzug, ein sehr saftiges Fruchtfleisch und einen länglichen, etwas zusammengedrückten Kern. Sie ist ein wohlschmeckendes Obst. Zum Färben sammelt man die Blätter.

Rainfarn – Tanacetum vulgare
Der Rainfarn wächst an Wegen, Ackerrainen, Ufern und auch auf Schuttplätzen meist in großen Mengen. Er ist in ganz Europa verbreitet.

Aus seiner Wurzel treibt er ungefähr 40 bis 120 cm hohe aufrechte Stengel. Sie stehen aufrecht und sind meist dicht beblättert. Die farnähnlichen Blätter sind doppelt und einfach fiederspaltig, die Blattlappen sind kahl, länglich, entweder gesägt oder eingeschnitten.

Von Juli bis September entwickeln sich in Rispen am Stengelende gelbe, zu einem Körbchen zusammengefaßte Blüten. Die Köpfchen sind 8 bis 11 mm breit und haben keine Zungenblüten.

Die Pflanze riecht eigentümlich und stark aromatisch. Zum Färben verwendet man das gesamte Kraut. Bild 70 zeigt blühenden Rainfarn.

Ringelblume, Ringelröschen, Studentenblume, Totenblume, Gilke – Calendula offizinalis
Sie hat ihren Namen von der Halbringform ihrer Früchtchen. Man erkennt sie leicht an ihren dotter-orangegelben Blütenblättern. Sie ist eine einjährige Zierpflanze aus der Familie der Korbblütengewächse und wird etwa 30 bis 50 cm hoch. Ihr Stengel ist aufrecht, fast stielrund, abstehend ästig und drüsenhaarig. Die Blätter sind wechselständig angeordnet, sie sind stengelumfassend, werden 10 bis 15 cm lang, 3 bis 4 cm breit und sind ganzrandig oder entfernt gezähnt.

Die Ringelblume blüht von Juni bis September, d. h., man findet in diesem Zeitraum blühende Pflanzen neben heranwachsenden oder bereits verblühten.

Die charakteristisch gefärbten Blütenstände bestehen aus den zungenförmig in 2 bis 3 Reihen angeordneten weiblichen Randblüten und den röhrigen männlichen Scheibenblüten.

Zum Färben sammelt und verwendet man die Blütenköpfe von Pflanzen, die kurz vor der Blüte stehen oder blühen. Sie können frisch oder getrocknet benutzt werden und dienten früher auch als Safranersatz.

Rohrkolben – Typha angustifolia

Der schmalblättrige Rohrkolben gedeiht an den Ufern stehender und fließender Gewässer sowie in Wiesenmooren. Er kann 1 bis 3 m Höhe erreichen.

Seine Blätter sind flach, steif, graugrün, lineal und ungefähr 0,5 bis 1 cm breit und etwa 50 bis 70 cm lang. Sie umfassen mit der Blattscheide den Stengel und überragen mitunter die Blütenkolben.

Die Blütenkolben entwickeln sich an den Enden der Stengel und enthalten sowohl männliche als auch weibliche Blüten. Die männlichen Blüten sitzen am oberen Teil des Kolbens über den weiblichen, sind gelblichbraun und haben 2 bis 3 Staubbeutel je Staubblatt. Die weiblichen Blüten sind an ihren Spitzen dunkelbraun, haben einen feingestielten, in ein eirundes Früchtchen übergehenden Fruchtknoten. Sie stehen eng im Kolben zusammen, der sich samtartig anfaßt. Zwischen den männlichen und weiblichen Blüten liegt ein 3 bis 5 cm langes kahles Stengelstück. Die weiblichen Blüten, d. h. der Kolben, werden zum Färben gesammelt und verwendet. Es können auch die Kolben der an gleichen Standorten verbreiteten Art Typha latifolia genutzt werden.

Roßkastanie – Aesculus hippocastanum

Die Roßkastanie ist ein bekanntes Ziergehölz, das bis zu 25 m hoch werden kann. Sie stammt aus Nordgriechenland und wurde bereits im 16. Jahrhundert in Konstantinopel als Zier- und Alleenbaum angepflanzt. Von dort aus gelangte sie 1576 nach Wien und erlangte danach eine weite Verbreitung. Ihr Wuchs ähnelt einer Pyramide. Ihre Blätter sind langgestielt und fingerförmig zusammengesetzt. Die 5 bis 7 Teilblättchen sind jeweils bis zu 10 cm lang, länglich, nach unten keilförmig und sägezähnig. Sie entfalten sich im April aus dicken, klebrigen, braunen Knospen. Gleichzeitig mit ihnen entwickeln sich die aufrechten Blütenrispen mit den weißen Blüten. Im September reifen die kugeligen, stacheligen Früchte, die ein oder zwei große runde Samen mit breitem Nabel enthalten und mit einer kastanienbraunen Haut überzogen sind. Die Samen sind stärkereich und enthalten einen Bitterstoff. Der Stamm der Kastanie ist bräunlich, die Rinde grau, etwas blätterig und enthält Gerbstoff.

Zum Färben sammelt man die Fruchthüllen. Bild 71 zeigt Blätter und Früchte der Roßkastanie.

Rote Bete, Rote Rübe – Beta vulgaris

Die Rote Rübe hat eine mehr oder weniger dicke, fleischige, rundliche, etwa 10 cm Durchmesser erlangende rotschalige und rotfleischige Knolle. Die in zweijähriger Kultur sich entwickelnde Pflanze bildet im ersten Jahr die Knollen und einen Schopf langgestielter herz- bis eiförmiger Blätter. Im zweiten Jahr bringt sie einen aufrechten, gefurchten Stengel mit anfangs aufrechten, später hängenden Ästen hervor, der mit rautenförmigen Blättern besetzt ist.

Nach oben zu werden die Stiele kürzer und die Blätter kleiner. Die Blüten sind grün, zu 3 bis 4 am Grunde in Knäulchen eng verwachsen. Diese Knäulchen bilden Ähren oder Trauben, die in den Blattwinkeln stehen. Die Pflanze blüht von Juli bis September. Zum Färben verwendet man die Knolle.

Safran – Crocus sativus

Die gleichnamige Droge (Safran) besteht aus den getrockneten Narben der Blüten des Crocus sativus. Diese sind im allgemeinen 2 1/2 bis 5 cm lange, biegsame, dünne, sich allmählich verbreiternde Fäden von schöner dunkelgelblichroter oder bräunlicher Farbe. Ihr Geruch ist stark würzig und betäubend.

Safran stammt vermutlich aus Kleinasien und kommt heute nur noch als Kulturpflanze vor. Hauptanbauländer sind Frankreich und Spanien. Von dort aus wird er exportiert. Zum Färben verwendet man die Droge.

Sauerdorn, Berberitzenstrauch – Berberis vulgaris

Der schwedische Naturforscher *Carl von Linné* beschreibt den Sauerdorn folgendermaßen /33/:

»Dieses ist ein sechs, acht, bis zehen Schuh hoher Strauch (d. h. etwa 2 bis 4 m hoch) welcher in allen Ländern von Europa gemein ist, und häufig in den Hecken wild wächst...

Er hat eine glatte aschgraue Rinde und ist auch an den Abtheilungen der Zweige mit scharfen ungefähr einen Zoll langen Stacheln besetzt, welche meistens zu drey beisammen und auch einzeln stehen. Seine Blätter sitzen hin und wieder in kleinen Büscheln an den Enden der kurzen Seitenzweige, sind von verschiedener Größe, die größte etwa drey und einen halben Zoll lang und anderthalb Zoll breit....

Sie haben eine schöne grüne Farbe und sind eirund, und am Rande mit feinen Spitzen zierlich gezackelt. Er blühet im Mai oder Junius und trägt im September reife Früchte, die Blumen sind gelb, und wachsen in einfachen, ein wenig niederhängenden Träublein aus den Blätterbüscheln hervor, ihre Staubfäden zeigen einige Reizbarkeit, die Beeren sind cylindrisch-oval und haben eine schöne hochrothe Farbe und enthalten auch einen rothen färbenden Saft. Blumen haben einen besonders starken Geruch. Die Wurzeln und die innere Rinde des Stamms sind stärker gelb und geben auf Leinwand und wollen Garn wenn solche damit gekocht werden, eine schöne gelbe Farbe, und in Polen gebraucht man sie zum Savian färben.«

Bild 72 zeigt einen Sauerdornstrauch im August. Er wird heute häufig als Zierstrauch in Gärten kultiviert. Zum Färben sammelt man die Beeren.

Schachtelhalm, Kannenkraut, Zinnkraut – Equisetum arvense
Der Ackerschachtelhalm liebt tonig-sandige Böden. Wir finden ihn an Ruderalstellen, Weg- und Ackerrändern. Er treibt im Frühjahr aus einem unterirdischen Sproß unverzweigte, zarte Triebe mit quirlförmig angeordneten kleinen Blättern und einer endständigen, walzenförmigen Ähre mit Sporenkapseln. Diese nur wenig Blattgrün enthaltenden Frühjahrstriebe vergehen nach wenigen Wochen. An ihrer Stelle entwickeln sich die kräftig grünen Sommertriebe. Ihr hohler, längsgefurchter Stengel ist deutlich knotig gegliedert. An den Knoten sitzen kleine spitze Blätter, die zu einer Scheide verwachsen sind. An den Sproßknoten treibt die Pflanze quirlförmig Seitenäste, die tief gefurcht, vierkantig und oft nochmals verzweigt sind, so daß die Sprosse wie winzige Tannenbäume aussehen. Zum Färben verwendet man das gesamte Kraut der Sommertriebe.

Schöllkraut – Chelidonium majus
Das Schöllkraut ist ein ungefähr 30 bis 70 cm hohes Kraut. Es wächst häufig auf Schutt, an Mauern, Zäunen, an Bahndämmen, in Gebüschen. Sein Stengel ist rund und hohl und enthält einen gelben bzw. gelborangefarbigen giftigen Milchsaft, der Blasen und Entzündungen auf der Haut hervorrufen kann. Die Blätter sitzen wechselständig am Stengel. Sie sind weich, auf der Unterseite blaugrau und 2- bis 3fach gefiedert. Die Fiedern sind doppelt-lappig gekerbt. Die äußeren Blätter sind größer als die näher am Stengel sitzenden und haben ungefähr eine Länge von 5 cm. Ihre breiteste Stelle ist ungefähr 4 cm.

Das Schöllkraut blüht gelb und hat 4 Kronblätter. Aus den Blüten entwickeln sich schotenförmige langgestreckte Früchte. Das Schöllkraut ist mehrjährig und von Mai bis Oktober in der Natur zu finden. Dabei können junge, blühende und trockene Pflanzen nebeneinander stehen. Wahrscheinlich hat es seinen Namen daher, weil es von der Ankunft bis zum Fortzug der Schwalben blüht (d. h. Chelidonium – Schwalbenkraut).

Zum Färben sammelt man das Kraut und die Wurzeln. Sie sind sowohl frisch als auch getrocknet verwendbar. Bild 73 zeigt blühendes Schöllkraut.

Schwarzdorn. Schlehe – Prunus spinosa
Der schwedische Naturforscher *Carl von Linné* beschreibt den Schwarzdorn folgendermaßen /33/:

»Der Schlehen- oder Schwarzdorn ist ein Strauch, welcher allenthalben in Europa auf sonnichten Hügeln wild wachset, ... Seine Wurzeln breiten sich in der Erde auf zwanzig oder mehrere Schuh weit aus, sein Stamm wächset ungleich und nicht hoch, und ist neben den Zweigen voll Knoten und mit starken häufigen Stacheln besetzt, hat ein hartes und zähes Holz, und eine schwärzlichte und glatte Rinde. Seine glatten, lanzenförmigen und am Rande fein gezähnten Blätter sind zwar bitter und herb, werden aber dennoch sehr häufig von dem Ungeziefer angegriffen.

Seine Blumen zeigen sich in sehr großer Menge im April- und Maymonat noch vor den Blättern, und stehen bald einzeln, bald zwo nebeneinander in den Winkeln der Blattknospen, sie sind weiß und haben einen angenehmen Geruch und bittern Geschmack, und werden auch von den Bienen besucht...

Diese Früchte sind kugelrund, klein und wann sie reif sind, schwarz und mit einem blaulichten Staube bedecket, sie haben einen runden harten Stein, und ein saftiges, grünes, sehr saures zusammenziehendes Fleisch ... Sie werden spät im Herbst reif und haben alsdann die Größe einer Flintenkugel. Der Schlehenstrauch liebet einen lettichten und steinichten, aber keinen nassen Boden...

Mit seiner Rinde, welche gern vom Wild gefressen wird, und mit Lauge gekocht eine rothe Farbe gibt, kann man die Käse vor der Fäulniß bewahren.

Die unreifen Früchte geben mit Vitriol eine beständige schwarze Farbe.«

Bild 74 zeigt einen Schlehenzweig mit Früchten. Er ist bei uns in Gebüschen, an Waldrändern auf kalkhaltigen Boden und in sonniger Lage zu finden. Zum Färben sammelt man die Früchte.

Schwarze Johannisbeere, Gichtbeere, Ahlbeere, Aalbeere – Ribes nigrum
Der Strauch wurde nach der Reifezeit seiner Beeren (etwa um den Zeitpunkt des Johannisfestes 24. 6. jedes Jahres) benannt. Er wird etwa 1 bis 1,5 m hoch. Seine Blätter sind dreilappig und rauhhaarig, unten drüsig und haben pfriemelige Nebenblätter. Der Strauch blüht von April bis Mai. Die Blüten haben grünliche Kron- und rötliche Kelchblätter. Sie sind in Trauben angeordnet. Nach der Blüte bilden sich die säuerlich-süß schmeckenden schwarzen bis schwarzgrauen Beeren, die wie die Blätter streng, ein wenig wanzenähnlich riechen. Zum Färben sammelt und verwendet man die reifen Beeren.

Stiel-Eiche, Sommer-Eiche – Quercus robur
Die Stiel-Eiche wächst überall in Europa, erreicht durchschnittlich eine Höhe von 30 bis 35 m, ausnahmsweise auch 50 bis 60 m bei einem Durchmesser von etwa 2 bis 2,5 m.

Die Rinde ist an älteren Stämmen graubraun, rauh, mit tiefen, fast regelmäßigen feinen Längsrissen. An jungen Bäumen ist sie glatt, glänzend, silbergrau (»Spiegelrinde«). Stärkere Äste erstrecken sich oft fast waagerecht am Stamm.

Die Blätter stehen büschelig an den Enden der Zweige. Sie entwickeln sich im Mai und fallen im Spätherbst ab oder bleiben, zum Teil vertrocknet, den Winter über am Baum. Die Blätter sind kurzgestielt, dick, hart, mit herzförmig 2lappigem Grund. Sie haben jederseits 4 bis 5 unregelmäßige, ganzrandige Lappen, sind oberseits tiefgrün und unten matt oder gelblich grün.

Die Eiche blüht im Mai. Die männlichen Blüten stehen zahlreich in fadenförmigen Kätzchen an den Enden der vorjährigen Triebe. Die roten knöpfchenförmigen weiblichen Blüten stehen zu 2 bis 5 auf gemeinsamen Stielchen in den Blattwinkeln der jungen Triebe.

Die Früchte reifen Ende Oktober bis Anfang November. Sie sind klein, länglichrund, oben mit einer kleinen Dornenspitze, in einem lederartigen, walzenrunden schuppigen Näpfchen und stehen zu 1 bis 3 an der Spitze eines langen Stiels beisammen. Daher rührt auch der Name des Baumes.

Zum Färben verwendet man vor allem die Eichenrinde. Neben der Rinde der Stiel-Eiche kann auch die Rinde der Trauben-Eiche (Quercus petraea) verwendet werden. Ihre Blätter sind langgestielt und haben einen keilförmigen Grund. Die Früchte stehen traubig an der Spitze eines sehr kurzen Stiels. Bild 75 zeigt Blätter und Früchte einer Stiel-Eiche im Herbstaspekt.

Stockrose, Stockmalve, Herbstrose, Pappelrose, Rosenpappel – Altaea rosea
Die Stockrose ist eine schlanke Staude, die oft über 2 m hoch wird. Sie stammt aus dem Orient und ist als Zierpflanze häufig in Gärten oder Parkanlagen zu finden. Sie hat 5- bis 7lappige, weichfilzige Blätter und kurzgestielte, achselständige Blüten. Die Pflanze blüht etwa von Juni bis September. Die Blüten haben in der Regel 5 Kelch- und 5 Kronblätter, die dunkelrot, hellrot, gelb oder weiß, aber auch schwarzviolett gefärbt sein können. Die schwarzvioletten Formen wurden früher als ungiftiges Färbemittel für Weine und Liköre verwendet. Man sammelt sie zum Färben während der Blüte.

Teestrauch – Camellia sinensis
Der Teestrauch ist in China heimisch, wird heute aber auch in Japan, Indien und weiteren Ländern mit tropischem bzw. subtropischem Klima als Kulturpflanze angebaut. In Mitteleuropa ist wegen der Witterungsbedingungen und der Bodenbeschaffenheit kein Teeanbau möglich. Die hier im Handel befindlichen verschiedenen Teesorten werden importiert. Die Teeblätter enthalten Gerbstoffe. Sie können deshalb zum Färben verwendet werden.

Walnußbaum – Juglans regia
Der Walnußbaum stammt aus Asien und ist auch in Südosteuropa noch wild verbreitet. Heute wird er wieder in Süd- und Mitteleuropa häufig kultiviert.

Er kann etwa 25 m hoch werden, und sein stattlicher Stamm kann einen Durchmesser von etwa 1 m erreichen. Der Stamm hat eine aschgraue, rissige Rinde. Die jungen Zweige sind glänzend braun und weiß punktiert. Die Äste sind stark, sperrig und ausgebreitet. Sie bilden eine breite lockerästige Krone. Die Laubknospen sind klein und rundlich. Aus ihnen bilden sich im Frühjahr die unpaarig gefiederten Blätter mit 5, 7 oder 9 Blättchen. Die Blättchen sind eirund, zugespitzt und an der Basis meist ungleich gesägt. Sie fallen im Oktober ab. Aus den großen, kegelförmigen Blütenknospen bilden sich kurz vor dem Erscheinen des Laubes männliche und weibliche Blüten. Die männlichen Blüten sind grüne, lockere Kätzchen, die weiblichen Blüten bilden grünrötliche Knäuel an den Spitzen der Zweige. Aus den weiblichen Blüten bildet sich später eine Steinfrucht, die von einer zunächst grünen äußeren Schale umgeben ist. Die Frucht reift im Oktober. Die grüne Schale wird dann olivbraun, öffnet sich und läßt die Nuß (Steinkern) fallen.

Zum Färben kann man die Rinde, die Wurzeln, die Blätter, die grünen und braunen »Nußschalen« verwenden. Bild 76 zeigt Walnußzweige mit grünen Früchten.

Weiß-Birke, Hänge-Birke – Betula pendula
Die Hänge-Birke ist in Europa und Westsibirien verbreitet, meist gemeinsam mit anderen Gehölzen. Im Norden und in Osteuropa bildet sie zuweilen ganze Waldungen. Sie wird auch häufig angepflanzt. Sie erreicht in etwa 60 Jahren ihre volle Größe und kann dann etwa 25 bis 28 m hoch sein bei einem Durchmesser von etwa 40 bis 60 cm. Der Baum ist gerade und schlank, die Äste stehen ziemlich weit vom Stamm ab, die Zweige sind biegsam, zäh, mit weißen Drüsen besetzt. Sie hängen im Alter und bilden eine pyramidenförmige oder ovale Krone. Die Birkenrinde ist braun, rotbraun, mit einer dünnen, weißen, im Alter rissigen und sich ablösenden Oberschicht. Die Blätter entwickeln sich Ende April/Anfang Mai. Sie sind dreieckig, an der Basis herzförmig, oder abgerundet oder keilförmig, am Rande doppelt gesägt, auf beiden Flächen glatt hellgrün. Die Laub- und Blütenknospen sind kegelförmig und braunrot. Die männlichen Blüten entwikkeln sich zur gleichen Zeit wie die Blätter, in 5 bis 6 cm langen Kätzchen, die schon im Vorjahr angelegt worden sind. Die weiblichen Blüten stehen in kleineren, dünneren, grünen, aufrechten Kätzchen, die an der Spitze diesjähriger beblätterter Kurzsprosse erscheinen.

Die Früchte reifen im August oder September. Die kurzen, walzenförmigen Fruchtkätzchen zerfallen dann unter Zurücklassung der Spindel. Zum Färben verwendet man die innere Birkenrinde und die Blätter. Bild 77 zeigt eine Hänge-Birke im August.

Wiesensauerampfer – Rumex acetosa
Der Sauerampfer ist auf Wiesen, Triften und an Wegen in fast ganz Europa und Nordasien häufig anzutreffen.

Die gelbe Wurzel treibt im Frühjahr Blätter und im Sommer Stengel und Blüten. Die grundständigen Blätter sind langgestielt, sehen aus wie ein Pfeil oder Spieß und sind glatt und bis zu 10 cm lang. Die Stengelblätter umfassen mit der pfeilförmigen Basis den Stengel, sind schmaler und kürzer als die anderen Blätter und ebenfalls ganzrandig. Sie werden von einer am oberen Rande gezähnten Hülle umgeben. Die Blüten befinden sich am Ende des Stengels in Rispen und bilden so eine zusammengesetzte Traube. Die Blüten sind getrenntgeschlechtig und entweder innen weiß und außen grünlich oder rötlich. Die Blütenhüllblätter umschließen das sich herausbildende dreieckige Früchtchen. Der Sauerampfer blüht von Mai bis Juli. Er hat eine purpurbraune Frucht. Zum Beizen und Färben sammelt und verwendet man die grünen Blätter. Sie enthalten Oxalsäure, daher auch die Bezeichnung Ampfer, was sauer, herb bedeutet, und acetosa von acetum Säure, Essig. Bild 78 zeigt blühenden Wiesensauerampfer.

Zwerg-Holunder. Attich – Sambucus ebulus
Der schwedische Naturforscher *Carl von Linné* beschreibt den Attich folgendermaßen /33/:

»Diese Pflanze wächset in ganz Europa häufig, vornämlich an dem Rande der Wälder und an andern etwas feuchten und schattigen Orten wild ... ihr Stengel aber, ob er schon ziemlich stark, dick und manchmal drey bis vier Schuh hoch wird, ist dennoch nur weich, markig und krautartig, und gehet jährlich im Winter völlig zu Grunde, erneuert sich aber im Frühling. Die Zweige sowohl als die Blätter stehen gerade gegeneinander über, letztere sind gefiedert, und bestehen aus sieben oder neun langen, lanzenförmigen, sägeartig gezähnten Lappen, von denen die untern gestielt, die obern aber ungestielt sind, zuweilen sind auch diese Lappen zerschlissen. An den Enden der Zweige entspringen große, flache, weiße, ein wenig röthliche Blumendolden, von einem starken nicht gar angenehmen Geruch, die darauffolgenden Beeren werden bei völliger Zeitigung schwarz, und enthalten einen veilblauen Saft. Die Blüthezeit ist erst im Julius und die Beeren werden im Herbste reif. Alle Theile dieses Gewächses haben, nebst einem ziemlich widrigen Geruche, besonders wenn man sie zerreibet, einen unangenehmen bittern und scharfen Geschmack...

Man kann auch mit diesen Beeren, besonders durch einen Zusatz von Eßig und Alaun Garn und sogar Leder blau färben.«

Wildvorkommen des Attichs finden wir heute nur noch selten und zerstreut in Gebüschen, an Zäunen und ruderal beeinflußten Standorten.

Zwiebel, Zipolle, Bolle, Küchenzwiebel – Allium cepa

Die Heimat der Küchenzwiebel ist Vorder- und Mittelasien. Sie wird fast auf der ganzen Erde, vor allem in den außertropischen Gebieten, in unterschiedlichen Spielarten angebaut. Die in Europa übliche, rundliche, etwas abgeplattete Zwiebel hat einen Durchmesser von etwa bis zu 8 cm und eine Höhe von etwa 6 cm. Sie setzt sich aus zahlreichen saftigen Schalen zusammen und fungiert als Nährstoffspeicher. Außen ist sie von trockenen Gelb- oder weißroten Schalen umgeben.

Der 40 bis 60 cm hohe Blütenschaft ist rund und viel länger als die spitzigen kahlen Blätter. Am Ende des Schaftes entwickelt sich zur Blütezeit, d. h. im Juni bis August, eine weiße, vielblütige Dolde. Die Blütenhüllblätter der Zwiebel sind eirund, spitz und weißlichgrün.

Die Zwiebel hat einen scharfen, stechenden und flüchtigen Geruch. Sie schmeckt scharf und aromatisch.

Zum Färben verwendet man die äußeren trockenen gelb- oder weißroten Schalen. Bild 79 zeigt Zwiebeln.

7. Färben mit synthetischen Farbstoffen

Zu den synthetischen Farbstoffen gehören die in der chemischen Industrie aus den Produkten des Steinkohlenteers und anderen Rohstoffen hergestellten Farbstoffe. Sie umfassen sowohl die substantiven Farbstoffe als auch die Reaktivfarbstoffe. Von besonderer Bedeutung für das Färben im Haushalt sind die Haushaltsfarbstoffe und ausgewählte Holzbeizen.

7.1. Färben mit Haushaltsfarbstoffen

In der DDR sind die Citocol-Haushaltsfarbstoffe vom *VEB Farbchemie Quedlinburg*, die Strumpffarben vom gleichen Betrieb und die USUS-Färbe- und Auffrischungsmittel vom *veb domal stadtilm* im Handel. Mit allen Farbstoffen kann man im Topf und in der Trommelwaschmaschine färben. Sie sind besonders gut für Waschmaschinenfärbungen geeignet.

Die Citocol-Haushaltsfarbstoffe sind Farbstoffgemische, die aus substantiven Farbstoffen mit schwach sauer bis neutral ziehenden Wollfarbstoffen bestehen. Das heißt, der Farbstoff zieht auf die Faser auf, ohne daß es zwischen Faser und Farbstoff zu chemischen Reaktionen kommt. Entscheidend für die Befestigung des Farbstoffes auf der Faser ist die Färbetemperatur. Je höher die Temperatur ist, um so intensiver und haltbarer ziehen die Farbstoffe auf die Faser auf. Deshalb ist es am günstigsten, den Farbstoff kochend aufzulösen (Tabletten vorher zerstoßen) und bei Temperaturen um den Siedepunkt zu färben. Schlechte Fixierungen zeigen sich bei substantiven Farbstoffen darin, daß die gefärbten Garne und Textilflächen beim Waschen ständig stark ausfärben. Um das zu vermeiden, sind die auf den Packungen angegebenen Kochzeiten und Mengenangaben einzuhalten.

Die Citocol-Färbetabletten sind zum Färben von Wolle, Seide, Baumwolle, Leinen, Viskosekunstseide, Halbwolle und Polyamidfaserstoffen, wie Dederon, Nylon und Perlon, geeignet. Sie kommen in den 12 Farben Gelb, Zitrone, Giftgrün, Dunkelgrün, Türkis, Marineblau, Blau, Violett, Scharlach, Dunkelrot, Dunkelbraun und Schwarz in den Handel. Bild 80 zeigt mit Citocol-Farbstoffen gefärbte Hanfgarne. Man kann mit diesen Farbstoffen sehr schöne Mischungen herstellen.

Die folgenden Beispiele sollen dazu anregen und zeigen, daß man auch in der Trommelwaschmaschine mit sehr geringen Farbstoffmengen feine, helle Farben erzielen kann.

Für die in Bild 81 enthaltene Farbreihe wurde von oben nach unten folgendermaßen gemischt:

- 1 Prise Dunkelbraun und 1 Prise Dunkelrot auf 8 m Nessel 90 cm breit (mit einer Prise ist immer die hintere Spitze eines Löffels gehäuft voll mit Farbpulver gemeint; um zu einer Prise zu kommen, sind die Färbetabletten zu zerstoßen)
- 1 Prise Gelb und 1 Prise Dunkelbraun auf 10 m Nessel 90 cm breit
- 2 Prisen Gelb auf 8 m Nessel 90 cm breit
- 4 Prisen Gelb auf 12 m Nessel 90 cm breit
- 1 Prise Gelb und 2 Prisen Dunkelbraun auf 4 m Nessel 90 cm breit
- 2 Prisen Dunkelbraun auf 10 m Nessel 90 cm breit
- 1 Prise Gelb, 1 Prise Dunkelbraun und 1 Prise Schwarz auf 8 m Nessel 90 cm breit.

Um zu sehen, welche Farbe man gemischt hat, ist es vorteilhaft, eine Probe der Mischung vor dem Färben auf einem Stück Papier mit Wasser vorsichtig anzurühren. Man kann dann noch Veränderungen vornehmen, bevor die Mischung in den Topf oder die Waschmaschine gegeben wird. Es ist außerdem für spätere Färbungen günstig, sich eine Probe des gefärbten Garnes oder der Textilfläche mit Notizen über die Farbmischung aufzuheben.

Mit den Strumpffarben vom *VEB Farbchemie Quedlinburg* kann man in gleicher Weise färben. Es stehen die Farben Schwarz, Braun, Nerz und Anthrazit zur Verfügung.

Die USUS-Färbe- und Auffrischungsmittel vom *veb domal stadtilm* sind ausschließlich zum Färben und Auffrischen von gebrauchten Faserstoffen aus Perlon, Nylon und Dederon geeignet, andere Faserstoffarten werden angeschmutzt oder abartig verfärbt. Deshalb ist vor dem Färben mit USUS farbig unbedingt das Gewebe zu prüfen. USUS farbig kommt in folgenden Farben in den Handel: Gelb, Rosa, Lachs, Violett bläulich, Violett rötlich, Hellblau, Blau, Hellgrün, Grün, Türkis, Beige, Grau, Dunkelgrün, Dunkelblau, Schwarz, Braun, Rot, Orange, außerdem gibt es USUS farbig weiß.

Das Färbegut wird bei 60 bis 80 °C in das Färbebad gelegt und häufig bewegt, um eine gleichmäßige Färbung zu erreichen. Man färbt Buntes Ton in Ton, weiße Textilflächen können in jeder Farbe gefärbt werden, verblichene Farben frischt man mit der gleichen Farbe auf. Bei den dunklen Farben läßt man bei Färbungen im Topf erst das Färbebad aufkochen, schaltet dann die Wärmequelle aus, legt das Färbegut ein und färbt bei 60 bis 80 °C weiter.

7.2. Färben mit ausgewählten Holzbeizen

Ausgewählte Holzbeizen, die Holzbeizen vom *VEB Brücol-Chemie Markkleeberg* und die Holzbeizen vom *VEB Farb-Chemie Quedlinburg*, können zum Färben von Garnen und Textilflächen bedingt genutzt werden. Grundsätzlich ist dabei davon auszugehen, daß die Beizen zur Holzbearbeitung vorgesehen sind. Sie enthalten folglich – und das gilt besonders für die außer den genannten im Handel befindlichen Holzbeizen – Bestandteile, die die Garne und Textilflächen beim Färben schädigen und beim künftigen Gebrauch und der Berührung mit dem menschlichen Körper Allergien hervorrufen können. Beim Färben im Haushalt sollte man sich deshalb auf die traditionellen Farbstoffe orientieren.

8. Mustern durch Färben

Im Unterschied zum totalen Einfärben, bei dem die Hauptarbeit im Färben oder Mischen und Färben besteht, kommt beim Mustern durch Färben noch ein zweiter, gleichwertiger Arbeitsabschnitt, das Abdecken oder Reservieren des künftigen Musters, hinzu. Das Reservieren liegt häufig vor dem Färben, in bestimmten Fällen können die Muster aber auch nach dem Färben erzeugt werden.

Es folgt ein Überblick über ausgewählte Musterfärbeverfahren. Der Schwerpunkt liegt dabei auf der Erläuterung der unterschiedlichen Möglichkeiten des Abdeckens der Muster.

8.1. Plangi

Das Abdecken des künftigen Musters erfolgt bei Plangiarbeiten durch Abbinden, d. h., die Teile der Garne oder Textilflächen, die keine Farbe annehmen sollen, werden vor dem Färben abgebunden. Durch das Abbindematerial wird abgedeckt, Teile der Textilflächen werden geschnürt. Man erkennt die Plangiarbeiten deshalb am gekrausten Aussehen des Stoffes, was sich auch durch intensives Glätten nur schwer oder gar nicht beseitigen läßt. Deshalb ist es in bestimmten Gebieten der Erde, beispielsweise in Indien, üblich, daß man, um die Originalität der Plangiarbeiten, vor allem im Unterschied zu ähnlich gemusterten Stoffdrucken, zu belegen, einen Rest der Abbindeschnüre erst durch den Käufer lösen läßt. Durch Plangi lassen sich Muster aus Linien, Kreisen und Punkten unterschiedlicher Größe herstellen. Man kann sehr gut Textilflächen aus dünner Seide, Baumwolle oder Nessel abbinden, die man entsprechend Abschnitt 5.3. auf den Färbeprozeß vorbereitet. Zum Abbinden sind zwei unterschiedliche Arbeitsprozesse üblich: einmal das Abbinden durch Stoßen von unten her und zum anderen das Abbinden durch Einhaken von oben.

Beim Abbinden durch Stoßen von unten her wird das Färbegut auf Erhöhungen gelegt, die dem künftigen Muster entsprechen, und abgeschnürt. Es läßt sich sehr gut über einem Nagelbrett durchführen. Bild 82 zeigt das Abbinden über dem Nagelbrett. Die Anordnung und Größe der Nägel bestimmen das Muster mit. Das Nagelbrett kann man sich beispielsweise herstellen, indem man durch ein Holzbrett mit einer Dicke von etwa 2 cm in bestimmten Abständen etwa 6 cm

lange Nägel einschlägt. Abgebunden wird, indem das Färbegut über die Nägel gelegt und an den Nagelspitzen abgeschnürt wird.
Beim Abbinden durch Einhaken von oben werden Teile der Textilflächen in bestimmten, dem künftigen Muster entsprechenden Abständen mit den Fingerspitzen nach oben gezogen und abgeschnürt. In den traditionellen Plangigebieten lassen sich die Arbeiter dazu besonders lange Fingernägel wachsen. Beim Abbinden durch Einhaken von oben überlegt man sich vorher Abstände und Größe der Abbindungen und zeichnet sie am günstigsten auf dem Färbegut vor, da die Textilflächen schon nach den ersten Abbindungen nicht mehr flach liegen und man leicht die Übersicht verlieren kann. Das Abschnüren ist eine zeitaufwendige Arbeit. Aus Indien ist beispielsweise bekannt, daß man für das Abknüpfen der zahlreichen und oft sehr kleinen Aussparungen für ein Kopftuch oder einen Frauenschleier 3 Wochen, für Lenden- oder Schultertücher 2 bis 3 Monate brauchte /5/. Der eigenwillige Reiz der Plangiarbeiten liegt aber neben ihrem leicht gekrausten Aussehen vor allem in den Unregelmäßigkeiten des Musters, die durch das Abbinden mit der Hand entstehen. Bild 83 zeigt ein Detail aus einem Plangistoff (um die Jahrhundertwende) aus Thailand.

Man kann zum Abbinden alle Arten von Fäden verwenden und sich die Arbeit des Abschnürens auch in Abhängigkeit vom angestrebten Ergebnis dadurch reduzieren, daß man die Textilflächen ein- oder mehrmals faltet und dadurch mehrere Stofflagen gleichzeitig abbindet. Sollen die Abschnürungen vergrößert, besonders gleichmäßig gehalten oder in ihrer Form verändert werden, bindet man Einlagen mit ein. Traditionelle Einlagen sind beispielsweise Samen, Kerne, Früchte, Steine, Glasperlen, aber auch Holzkugeln, Stäbchen oder Münzen.

Abbindearbeiten kann man mit pflanzlichen und synthetischen Farbstoffen heiß im Topf und in der Trommelwaschmaschine färben. Mehrfarbige Muster erfordern nach dem ersten Färben ein weiteres Abbinden und ein zweites Färbebad. Beim zweiten Abbinden kann man neue Aussparungen einknoten oder die bestehenden Abschnürungen vergrößern. Bild 84 zeigt ein Detail aus einem mehrfach abgebundenen, mit pflanzlichen Farbstoffen gefärbten Plangistoff.

Aus Indien oder Indonesien weiß man, daß der Färbeprozeß von Plangiarbeiten mit pflanzlichen Farbstoffen in der Regel mehrere Monate dauerte und sich dadurch der Zeitraum zur Herstellung beispielsweise eines Plangituches auf ein halbes Jahr oder länger belaufen konnte. Aus den gleichen Gebieten ist auch bekannt, daß ergänzend in die Abbindungen einfache Muster, wie Kreuze, Wellenlinien, Striche oder Punkte, gezeichnet wurden /5/.

Spezielle Formen von Plangi sind das Abbinden zwischen Holzbrettchen, das Marmorieren und das Knoten. Beim Marmorieren werden die Textilflächen zu einem Knäuel zusammengeknüllt, kreuz und quer mit einem Faden umwickelt und gefärbt. Es entstehen unregelmäßige Verteilungen von gefärbten und ungefärbten Flächen. Man kann auch mehrfarbig marmorieren. Bild 85 zeigt einen Ausschnitt aus einem marmorierten Stoff. Das Färbegut kann so zwischen zwei Holzbrettchen eingebunden werden, daß es sich entweder vollständig dazwischen befindet oder in unterschiedlich großen Teilen über die Holzbrettchen hinausragt. Abgedeckt wird durch die Holzbrettchen und die Schnüre der Einbindungen. In Abhängigkeit von der Art des Einbindens, der Form der Holzbrettchen und der Farbe der Schnüre lassen sich mit diesem Verfahren eine Vielzahl von unterschiedlichen Mustern erzielen. Bild 86 zeigt ein Detail aus einem Stoff, der vollständig zwischen den Brettchen eingebunden wurde. Es entsteht das für vollständige Abbindungen charakteristische Karomuster. Bild 87 zeigt ein Detail aus einem Stoff, der so eingebunden wurde, daß er über die rechteckigen Holzbrettchen hinausragt. Es entsteht ein Muster, welches die Form der Brettchen, zwischen die eingebunden wurde, widerspiegelt. Bei dieser Form des Einbindens sind Mustervarianten in Abhängigkeit von der Form der Holzbrettchen oder auch anderen Gegenständen, zwischen die eingebunden wurde (z. B. eignen sich auch Glasdeckel), möglich. Bild 88 zeigt einen Ausschnitt aus einem Stoff, bei dem die Abbindeschnüre das Muster maßgeblich bestimmen. Zur Arbeit mit dieser Technik eignen sich dünne Textilflächen aus Seide, Baumwolle oder Nessel. In Abhängigkeit von der Größe der Brettchen kann auch der Umfang der eingebundenen Textilflächen vergrößert oder verkleinert werden. Man färbt im Topf. Es sind mehrere Einbindungen und Färbungen möglich. Durch Knoten können entsprechend der Anordnung der Knoten Streifen oder regelmäßige Rhombenmuster entstehen. Bild 89 zeigt ein Tuch, das in der Mitte und an jeder Ecke geknotet wurde. Die besten Ergebnisse kann man auch mit diesem Verfahren auf dünnen Stoffen knoten.

8.2. Ikat

Das Ikat ist eine spezifische Form des Abbindens und der Kombination von Färben und Weben. Das Verfahren ist vor allem zum Handweben von Bedeutung. Hier werden lediglich das Prinzip und die mit dem Färben verbundenen Fragen im Überblick dargestellt. Der interessierte Leser kann mit der im Literaturverzeichnis angegebenen Spezialliteratur weiterarbeiten.

Das Prinzip des Färbens beim Ikatverfahren besteht darin, daß das Garn vor dem Weben gefärbt und an den Stellen, die keine Farbe annehmen sollen, abgebunden wird. Zum Abbinden wird das Garn in der Regel auf einen Abbinderahmen gespannt und die Fäden meist bündelweise abgebunden. Je nachdem, ob Kette, Schuß oder beides abgebunden wird, unterscheidet man zwischen Kettikat, Eintrag- oder Schußikat und Doppelikat, bei dem Kette und Schuß abgebunden werden. Die Kettikat scheint am ältesten zu sein. Es kann beliebig oft abgebunden und gefärbt werden. Ikatmotive sind immer aus Sätzen, d. h. aus Gruppen von einer bestimmten Anzahl von Fäden, die während des Abbinde- und Färbevorgangs zusammengefaßt und demzufolge gleich gemustert sind, aufgebaut. Das Garn kann sowohl unabhängig von seiner späteren Lage im Gewebe aufgespannt und abgebunden werden (das endgültige Muster wird nach dem Färben und Reservieren zusammengesetzt) als auch unter Berücksichtigung seiner späteren Lage im Gewebe reserviert und gefärbt werden (in diesem Fall besteht eine enge Verbindung zwischen Musterungs- und Webvorgang, in der Regel wird die Kette zuerst vorbereitet, und anschließend findet die Musterung statt). Dort, wo die Abbindungen der gefärbten Garne beim Weben aufeinandertreffen, entstehen die für Ikatarbeiten charakteristischen verschwimmenden Übergänge. Bild 90 zeigt einen Ikat aus Südostasien.

Ikate werden in vielen textilen Werkstätten der Welt, beispielsweise in Südostasien, in Mittelasien und in Nord- und Südeuropa, hergestellt. Unter dem Aspekt des Färbens interessant ist die Vermutung der Schweizer Völkerkundlerin *Marie-Luise Nabholz-Kartaschoff*, daß heute die Musterung der Ikatgewebe auf Mallorca größtenteils aus arbeitsökonomischen Gründen nicht mehr durch Abbinden, sondern durch stellenweises Eintauchen der Fadenbündel oder Bemalen bzw. Bedrucken der Kette (was alles erheblich schneller als das Abbinden vonstattengeht) erfolgt /34/.

Typisch für Indonesien ist eine Kombination von Ikat mit Plangi. Dabei wird am fertigen Gewebe entsprechend den Ornamentlinien in Teilen abgebunden, teilweise werden auch Münzen oder andere Gegenstände eingelegt und dann gefärbt. Nach dem Trocknen erscheinen die Plangimuster auf dem Ikat.

8.3. Tritik und Aufnähen

Bei der Tritik (dem Abnähen) wird dadurch reserviert, daß vor dem Färben bestimmte Teile der Textilflächen abgenäht werden und nur insofern Farbe annehmen, als es die Stiche zulassen. Nach dem Färben entfernt man die Nähfäden, und es bleiben Muster aus ungefärbten Punkten, Tupfen, Linien oder anderen Figuren zurück, in denen man oft die Nähstiche noch deutlich erkennen kann. Tritik wird häufig mit Plangi kombiniert. Für Tritikarbeiten sind Baumwoll- oder Nesselstoffe und dickere, im Haushalt färbbare Chemieseidenstoffe gut geeignet. Auf dünner reiner Seide lassen sich schwer deutliche Nähreserven erzielen, weil die Seide jede Farbe schnell und intensiv an möglichst allen Stellen annimmt. Es sollte materialgerecht abgenäht werden, d. h. so, daß der verwendete Faden in seiner Feinheit der Dicke der Textilflächen entspricht. Sind Faden und Nadel zu grob, bleiben nach dem Färben nicht nur die Musterung, sondern auch störende Löcher zurück. Zum Abnähen eignen sich der Reihstich und der Überwendlichstich. Die Bilder 91 und 92 zeigen Tritikreserven mit diesen beiden Sticharten. Man kann aber auch mit anderen Sticharten experimentieren. Vor dem Abnähen sollte man sich einen Entwurf der Nähreserven machen, dann die Nählinien auf der Textilfläche vorzeichnen, anschließend nähen und zum Schluß die Fäden fest an- bzw. zusammenziehen. Bei dünnen Stoffen kann man rationell abnähen, indem man den Stoff faltet und mehrere Lagen gleichzeitig abnäht. Durch Versetzen der Stiche lassen sich die Muster variieren. Federförmige Muster können durch Einrollen einer Stoffalte abgenäht werden.

Es kann mit der Hand oder mit der Nähmaschine genäht werden. Man färbt die Abnäharbeiten bei vorsichtigem Bewegen und Stauchen im Topf (bei Färbungen in der Trommelwaschmaschine passiert es leicht, daß sich auch sehr feste Abnähungen lösen). Eine etwas erweiterte Form der Tritik ist das Aufnähen von Stoffteilen. Man kann dazu die Nähmaschine benutzen und näht am besten mit einem engen Zickzackstich Stoffteile auf, die derber sind als der zu färbende Stoff. Nach dem Färben, Spülen, Trocknen und Abtrennen der Nähreserven bleiben auf den Textilflächen sowohl die ungefärbten Umrisse der Stoffreserven als auch der Nähstiche zurück.

8.4. Batik

Die Batik ist eine der schönsten Möglichkeiten, Textilflächen zu mustern. Das prinzipielle Vorgehen besteht beim Batiken darin, daß mit heißem Wachs Teile der Textilflächen entsprechend der Mustervorstellung abgedeckt, der Stoff gefärbt und das Wachs entfernt wird.

Wenn man selbst Batiken will, tut man gut daran, sich am Rhythmus der Javaner zu orientieren und in folgenden Arbeitsschritten vorzugehen:

1. *Vorbereiten der Textilflächen*
   Zum Batiken eignen sich Textilflächen aus dünner Baumwolle, Nessel und Seide am besten. Bei entsprechender Vorbereitung kann man auch dickere Stoffe verwenden. Auf Wolle sollte man nicht batiken, da die Wollfasern in den erforderlichen kalten Färbebädern nicht ausreichend gefärbt werden.
   Die Seidenstoffe werden zuerst vorsichtig gewaschen, Baumwolle und Nessel auch ausgekocht. Wenn mit pflanzlichen Farbstoffen gefärbt werden soll, schließt sich das Beizen an (vgl. Abschnitt 5.3.). In Indonesien ist es üblich, die Textilflächen (vor allem Baumwolle) mit Reismehl zu stärken. Dadurch wird verhindert, daß das Wachs in das Gewebe um die gezeichnete Wachslinie eindringt oder aus der Linie ausfließt. Außerdem läßt sich das Wachs von einem zu leicht gestärkten Tuch nur mit Mühe entfernen und hinterläßt störende Flecken oder Ränder, während es bei zu intensiver Stärkung vorzeitig abspringt. Als günstige Stärkekonzentration wird deshalb in der älteren Literatur häufig die Verwendung von einem Eßlöffel Reismehl je m^2 Baumwolle empfohlen /35/. An das Stärken schließt sich in Java das Glätten oder Klopfen des Stoffes mit hölzernen Hämmern an. Er wird dadurch ganz glatt und leicht glänzend. In einem europäischen Haushalt oder einer Werkstatt kann man den Stoff mit dem Bügeleisen glätten. Wenn man sich diese Arbeitsgänge noch einmal überdenkt, dann kann man sich leicht vorstellen, daß die Vorbereitung eines Stoffes zur Batik in Indonesien bis zu 6 Wochen dauerte und im wesentlichen Aufgabe der Männer war.

2. *Abdecken des Stoffes*
   Man unterscheidet grundsätzlich nach der Art des Auftrages des Wachses zwischen Batik-tulis, dem Zeichnen der Muster, und Batik-tjap, dem Stem-

peln der Muster. Tabelle 28 enthält die wichtigsten Unterscheidungsmerkmale zwischen Zeichen- und Stempelbatik. Praktisch verhält es sich allerdings so, daß in die Stempelbatiken häufig bestimmte Ergänzungen gezeichnet werden. Gestempelte und gezeichnete Batik lassen sich deshalb relativ schwer auseinanderhalten. Auf Java hat sich das Verhältnis zwischen gezeichneter und gestempelter Batik im letzten Jahrhundert eindeutig zugunsten der gestempelten Batik entschieden. Den dort jährlich hergestellten etwa 2 Millionen Handbatiken stehen etwa 20 Millionen Tjapbatiken gegenüber /5/.
Das Abdecken des Stoffes kann prinzipiell in Positiv- oder Negativtechik der Zeichnung erfolgen. Tabelle 29 charakterisiert Inhalt und Unterschiede der Techniken. Bild 93 zeigt ein Detail aus einem in Positivtechnik abgedeckten Stoff und Bild 94 einen Ausschnitt aus einem in Negativtechnik abgedeckten Tuch. Häufig wird beides kombiniert.
Das Musterzeichnen gehört in Indonesien zu den Aufgaben der Frauen. Batik ist Traditionskunst. Es gibt eine sehr reiche Ornamentik (von Java ist beispielsweise bekannt, daß es etwa 1000 genau bestimmte Motive geben soll), die von Generation zu Generation überliefert und in der Regel wieder verwendet wird. Nur besonders begabte Batikerinnen variieren die Motive oder bringen neue hinzu. Die typischen indonesischen Batikmotive sind stark stilisierte Muster aus der Pflanzen- und Tierwelt mit so schönen Namen wie Mondscheinzauber, verliebter Schmetterling oder sorgloses Leben /5/. Die geübte Batikerin hängt sich den Stoff zum Abdecken über einen Rahmen aus Bambus oder Holz, das sogenannte Batikreck, und zeichnet dann frei auf den Stoff. Dadurch hat sie eine große Bewegungsfreiheit beim Arbeiten. Es ist aber auch üblich, daß sich die Zeichnerin die Grundeinteilung des Musters mit Holzkohle oder einem Bleistift auf den Stoff zeichnet. Eine entschei-

Tabelle 28. Charakteristik von Batik-tulis (Zeichenbatik) und Batik-tjap (Stempelbatik)

Merkmale zur Charakteristik	Batik-tulis	Batik-tjap
Art des Auftragens des Wachses	Zeichnen der Muster mit leicht erwärmbarem Kupferkännchen (Tjanting), Bambusstäbchen mit Watte oder Baumwollfäden für große Flächen, Frauenarbeit, die ursprünglich von Adligen durchgeführt wurde	Vorher angefertigte Kupferstempel werden in Wachs getaucht und anschließend auf den Stoff gedrückt. Männerarbeit
Zeit zum Abdecken	Handbatiken eines Sarongs dauerte ungefähr 12 bis 15 Tage	Wachsabdecken eines Sarongs mit Stempelbatik dauert etwa einen Tag

Tabelle 29. Charakteristik von Positiv- und Negativtechnik des Abdeckens der Zeichnung

Merkmale zur Charakteristik	Positivtechnik	Negativtechnik
Typisches Vorgehen	Der Grund des Gewebes wird mit Wachs bedeckt, und die Ornamente werden ausgespart.	Die ornamentalen Verzierungen werden mit Wachs aufgetragen.
Ergebnis	Es entstehen gefärbte Schmuckformen auf ungefärbtem Grund.	Der Grund bleibt frei, es entstehen ungefärbte Schmuckformen auf gefärbtem Grund. Das Verfahren ist wesentlich einfacher und billiger als die Positivtechnik.

dende Voraussetzung für ihre Arbeit ist Zeichentalent und ein gutes Formengedächtnis. Dem Anfänger im Batiken ist zu empfehlen, daß er sich den Stoff zuerst mit Reißzwecken in einen passenden Rahmen spannt, sich dann das Muster entsprechend einem vorhergehenden Musterentwurf vorsichtig aufzeichnet und dann mit dem Abdecken beginnt.

Aus Java weiß man, daß zum Zeichnen Bienenwachs und Erdwachs verwendet und die Umrißlinien mit altem Wachs aufgetragen werden. Man kann sich zum Abdecken der Muster verschiedene Wachsmischungen aus Bienenwachs, Erdwachs, Stearin und Kolophonium herstellen. Tabelle 30 gibt eine Übersicht über die zum Batiken wichtigsten Eigenschaften der Wachsarten. Dem Anfänger ist das Abdecken mit Stearin zu empfehlen. Später kann man die Anteile der anderen Wachsarten beliebig variieren. Je mehr Bienenwachs man zu einer Mischung gibt, um so weniger Sprünge hat man nach dem Färben auf den abgedeckten Flächen. Das Wachs wird in Indonesien in traditioneller Weise mit dem Tjanting (Wachsschöpferchen) und umwickelten Bambusstäben aufgetragen. Dazu wird in einem Topf die gesamte Wachsmischung ständig warm gehalten, und die Batikerin schöpft sich immer ein neues Tjanting voll ab. Damit das Tjanting nicht verstopft, bläst sie häufig, am Ausfluß beginnend, durch das Wachsschöpferchen. Zum Abdecken größerer Flächen wurden die Bambusstäbe benutzt.

Die europäischen Kunstgewerbler versuchten vor allem um die Jahrhundertwende und in den 20er Jahren, die Technik des Abdeckens europäischen Verhältnissen anzupassen. Sie entwickelten solche Hilfsmittel wie den Batikstift der *Schule Reimann*, das Glastjanting oder batikten mit dem Pinsel. Bild 95 zeigt 3 indonesische Tjantings. Es sind kleine Kupferkännchen mit einem oder mehreren Ausflüssen. Sie werden auf Bambusstücke gesteckt, damit man sie anfassen kann.

Zum Ausfüllen größerer Flächen verwendet man den Pinsel oder mit Stoff umwickelte Stäbe. Wenn man ausschließlich mit dem Pinsel batikt, sollte man in der Zeichnung das Charakteristische des Pinselstriches, die kräftigen, klaren und überwiegend geraden Linienzüge betonen.
Dem Anfänger sei zum Wachsauftrag folgendes einfache Vorgehen empfohlen:
Man mischt sich das Wachs in einem Topf, läßt die Mischung erkalten, zerteilt sie in kleinere Partien, die man in das Tjanting gibt. Dann erwärmt man das Wachsschöpferchen über einer Gasflamme (keine Kerze benutzen, da die Kerze an der Unterseite des Tjantings rußt und man bei der geringsten Berührung von Tjanting und Stoff Rußflecke hat) und kann, wenn das Wachs heiß ist, mit dem Zeichnen beginnen. Man muß aufpassen, daß das Wachs nicht zu brennen beginnt, da sich sonst Rückstände bilden, die das Tjanting leicht verstopfen. Je heißer der Wachsauftrag ist, desto fester verbindet sich das Wachs mit dem Gewebe und desto weniger Sprünge entstehen beim anschließenden Färben. Bild 96 zeigt diese Arbeitsweise beim Wachsauftrag. Man kann sich das Wachs auch in einem Wasserbad ständig warm halten und dann abschöpfen. Bild 97 zeigt ein Detail einer javanischen Wachsabdeckung (um die Jahrhundertwende).

3. *Färben des Stoffes*

Das Wesentliche beim Färben eines mit Wachs abgedeckten Stoffes ist, daß kalt, also in der Regel bei etwa 50 °C und weniger, gearbeitet werden muß. Auf Java wurden die Wachsarbeiten ursprünglich vor allem mit Indigoblau, Manghudu-Rot (aus Wurzeln von Morinda citrifolia) und Sogabraun (Deltophorum ferrugineum) gefärbt. Stellenweise erhöhte man die Wirkung der Musterung noch durch das Anbringen von Goldplattauflage.
Die mit Wachs abgedeckten Textilflächen kann man mit pflanzlichen und synthetischen Farbstoffen färben. Gerade die Beizenfärbungen mit Pflanzenfarbstoffen haben beim Kaltfärben den Vorteil, daß sich Faser, Farbstoff und Beizmittel durch die vorhergehende Beize ungeachtet der niedrigen Färbetemperatur verbinden. Die Farbe wird heller als beim Heißfärben mit pflanzlichen Farbstoffen.
Auch mit ausgewählten Holzbeizen lassen sich gute Ergebnisse erzielen.
Das Färbebad bereitet man zuerst heiß, läßt es dann auf etwa 50 °C abkühlen, legt die Batikarbeit ein und läßt das Bad mindestens 4 bis 5 Stunden, je länger, desto besser, einwirken. Man färbt im Topf.
Je nachdem, ob man viel oder wenige Sprünge im Wachs erzielen möchte, behandelt man das Färbegut beim Einlegen in das Färbebad mehr oder weniger vorsichtig. Bei mehreren Färbungen arbeitet es sich am günstigsten von der dunkelsten zur hellsten Farbe. Die beim Überfärben entstehenden Mischfarben sind zu beachten. Färbt man in anderer Reihenfolge, besteht die Gefahr, die dunkelste Farbe nicht mehr zu erreichen, weil schon vorher die Sättigung eingetreten ist.

Tabelle 30. Ausgewählte Wachsarten und ihre zum Batiken wichtigsten Eigenschaften

Wachsart	Zum Batiken wichtige Eigenschaften
Bienenwachs	sehr weich, Siedepunkt von 64 °C
Erdwachs (oder Ozokerit) 2 Arten von Erdwachs:	
Ceresin	härter als Bienenwachs Schmelzpunkt von 75 bis 80 °C
Paraffin	härter als Bienenwachs Schmelzpunkt von 45 bis 60 °C
Kolophonium	hart und spröde, Zusatz von Kolophonium macht die Wachsmischungen spröder
Stearin	härter als Bienenwachs, Schmelzpunkt von 60 bis 65 °C

4. *Entfernen der Abdeckung*
Das ist der spannendste Augenblick beim Batiken. Wenn man sieht, wie das Wachs verschwindet, Farben und Muster langsam auftauchen und ihre endgültige Form annehmen, vergißt man darüber die vorangegangene Mühe.
Das Wachs wird nach dem Trocknen entfernt. Die traditionellen Möglichkeiten dazu sind das Herunterschaben mit einem stumpfen Messer, das Abkratzen mit den Fingernägeln oder das Eintauchen in heißes Wasser.
Man kann das Wachs am einfachsten durch Bügeln der fertigen Arbeit zwischen Löschpapier oder einer anderen saugfähigen Unterlage entfernen. Diese Möglichkeit ist dem Anfänger sehr zu empfehlen. Wenn man das Wachs auskocht, sollte man unbedingt vermeiden, die abgedeckte Arbeit sofort nach dem Trocknen, ohne schon etwas Wachs entfernt zu haben, zu kochen. Dabei kann es leicht vorkommen, daß die gewachsten Stellen die anderen Teile des Stoffes berühren und darauf Flecke hinterlassen, die die Arbeit beeinträchtigen. Das Wachs läßt sich vollständig entfernen, indem man das gespülte oder getrocknete Gewebe in Benzin vorsichtig nachspült.
Die Bilder 98, 99 und 100 zeigen ein gebatiktes Seidentuch, ein gebatiktes zweiteiliges Kleid und mehrere Seidenstoffe.

8.5. Mustern mit Farbbeizen

Das Prinzip des Verfahrens besteht darin, daß man die Muster mit Hilfe einer Farbbeize (z. B. einer Alaunbeize, vgl. Abschnitt 5.3.) auf die Textilflächen aufzeichnet, eintrocknen läßt und dann färbt. Nach dem Färben wird das Muster ausgewaschen, d. h., es zeigt sich nach dem Waschen, daß nur an den gebeizten

Stellen die Farbe aufgezogen ist. Das Verfahren eignet sich besonders gut für das Färben mit Pflanzenfarbstoffen. Der österreichische Völkerkundler *Norbert Mylius* berichtet davon, daß heute noch in Vorderindien mit dieser Methode gemustert wird /5/.

8.6. Tauchen

Beim Tauchen hält man ausgewählte Teile oder das gesamte Färbegut einmalig oder mehrmalig so lange in das Färbebad, bis die gewünschte Farbe aufgezogen ist. Man färbt im Topf und kann sich den Tauchvorgang dadurch erleichtern, daß man einen Stock quer über den Topf legt und das Färbegut auf diesem Hilfsmittel entsprechend der Mustervorstellung in den Topf einhängt. Die Mustervorstellung kann man gut vor dem Färben durch Tauchen von einem Stück Papier (Zellstoff oder Serviette) überprüfen.

Durch Tauchen lassen sich Streifen und Kanten oder eine Textilfläche in unterschiedlicher Helligkeit einer Farbe mustern. Das Tauchverfahren läßt sich am günstigsten anwenden, wenn die benutzten Farbstoffe schnell aufziehen (es ist also besonders für Färbebäder mit synthetischen Farbstoffen geeignet) oder Garne bzw. kleinere Textilflächen gemustert werden. Breitere Stücke kann man auch falten und so in das Färbebad tauchen.

8.7. Färben und anschließende Musterung durch ätzende Chemikalien

Dieses Verfahren ist eine Abwandlung der in Abschnitt 2.2. im Rahmen der westafrikanischen Färbetraditionen dargestellten Ätztechnik. Es geht wie die Ätztechnik davon aus, daß die Textilflächen zuerst gefärbt und die Muster anschließend entfärbt werden. Man kann in zwei Varianten nach dem Färben durch ätzende Chemikalien mustern:

Bei der ersten Variante werden nach dem Färben die Muster mit den in den Abschnitten 8.1., 8.2., 8.3. und 8.6. dargestellten Verfahren auf die Textilflächen aufgebracht. Anschließend wird das Färbegut in einer Lösung aus handelsüblichem Entfärber entfärbt. Danach treten die Muster dunkel auf hellerem (entfärbtem) Grund hervor (im Unterschied zu den mit der westafrikanischen Ätztechnik hergestellten Stoffen, bei denen die Muster heller als der gefärbte Grund erscheinen).

Bei der zweiten Variante zeichnet man die Muster mit einem Pinsel und heißer Entfärbelösung auf die Textilflächen und hat im Ergebnis helle Muster auf dunklem Grund (wie bei der traditionellen afrikanischen Ätztechnik).

Literaturverzeichnis

Verwendete Literatur

[1] Der Blaudruck / *Brachmann, M; Reiz, G.* – Leipzig 1962, S. 10.
[2] Indigo / *Seefelder, Mathias.* – Ludwigshafen 1982.
[3] Aus der Geschichte der Färberei. – In: Beyer Farben Revue. – Leverkusen (1964).
[4] Pflanzengefärbte Teppiche Türkei / *Böhmer, Harald.* – In: Deutsches Textilforum. – Hannover1983 (3)
[5] Indonesische Textilkunst Batik, Ikat, Plangi / *Mylius, Norbert.* – Wien 1964.
[6] Plangi-Formen und Verbreitung eines Reserveverfahrens zur Musterung von Textilien / *Nabholz-Kartaschoff, Marie-Luise.* – Basel 1970.
[7] Färben mit Naturfarben / *Schneider, Gudrun.* – Ravensburg 1979.
[8] Textilhandwerk in Westafrika Weberei und Färberei. Führer durch das Museum für Völkerkunde und Schweizerisches Museum für Volkskunde Basel, Sonderausstellung Dezember 1972 bis April 1973.
[9] Adire der Yoruba in Nigeria / *de Raadt-Apell, M.J.* – In: Deutsches Textilforum. – Hannover 1983 (3), S. 25/26.
[10] African Design / *Trowell, Margaret.* – London 1960.
[11] Altindianische Textilkunst aus Peru / *Anton, Ferdinand.* – Leipzig 1984.
[12] Geschichte des Kunstgewerbes, Berlin – Zürich – Wien 1929.
[13] Die Waid- und warme Küpe oder Beobachtungen über die Anstellung, Verschärfung, Leisigkeit oder Fäulniß derselben und wie diese zu verhüten und zu heben nebst Anweisung zur Wollfärberei / *Hoelterhoff, Wilhelm.* – Erfurt 1833.
[14] Blaudruckhandwerk in Ungarn / *Domonkos, Otto.* – Budapest 1981.
[15] Neues englisches Färbebuch / *Bancraft, Edward.* – Nürnberg 1818.
[16] Die Kunst des Färbens der baumwollenen und wollenen Garne und Tücher in allen Haupt- und Modefarben / *Hoelterhoff, Wilhelm.* – Erfurt 1819.
[17] Die altlettischen Färbemethoden / *Bielenstein, Martha.* – Riga 1935.
[18] Beitrag zur Technologie der slowakischen Volksstickerei / *Holeczynova, Elena.* – In: Slovensky Ludovy Textil. – Martin 1957.
[19] Ungarische Volksbräuche / *Dömötör, Tekla.* – Budapest 1972.
[20] Batik – Handbuch / Hrsg. *Galerie Smend.* – Köln.
[21] Schurwolle – die Naturfaser / *Wacker, L.* – In: Deutsches Textilforum. – Hannover 1983 (3).
[22] Die Farbenlehre van Goghs / *Badt, Kurt.* – Köln 1961.
[23] Textiles Gestalten: Farbenlehre, freies Zeichnen, Rapportieren von Musterentwürfen. – Frankfurt am Main 1981.
[24] Georg Wilhelm Hoelterhoffs Kunst- und Schönfärbers vollständiges praktisches Handbuch der Kunstfärberei / *Hoelterhoff, Georg Wilhelm.* – Erfurt 1819.
[25] Der Hausfreund auf dem Lande oder Sammlung erprobter Rathschläge, Recepte und Mittel zur eigenen Berathung und Selbsthülfe, vorzüglich bey'm einsamen Landleben; für Hausväter und Hausmütter / *Röver, Fr..* – Magdeburg 1824.
[26] Farben aus der Natur / *Feddersen-Fieler, Gretel.* – Hannover 1982.
[27] Färbbuch / *Spränger, Emil.* – Erlenbach – Zürich und Stuttgart 1975.
[28] Hundertjähriger Kalender
[29] Illustrierte Frauenzeitung. – Berlin (1892) 19, Heft 3, S. 24.
[30] Lappländische Reise und andere Schriften / *von Linné, Carl.* – Leipzig 1977.
[31] Der Drogist / *Freise, E.; Morgenstern, F..* – Nordhausen etwa 1930.

[32] Alles über die Gewürze / *Pochljobkin, W. W.* – Moskau/Leipzig 1977.
[33] Des Ritters Carl von Linné vollständiges Pflanzensystem nach der dreyzehnten lateinischen Ausgabe übersetzt und mit einer ausführlichen Erklärung ausgefertigt. – Nürnberg 1777 bis 1788.
[34] Ikatgewebe aus Nord- und Südeuropa / *Nabholz-Kartaschoff, Marie-Luise.* – Basel 1969.
[35] Die Batikkunst / *Schmidt, Kurt.* – Stuttgart 1909.
[36] Batik / *Steinoel, Theo.* – Ravensburg 1928.

Weiterführende Literatur

1. Textilwarenkunde für Verkäufer / *Baier, Otto.* – Leipzig 1981.
2. Textilfärben: Färben so einfach wie Waschen / *Siegrist, Werner; Schärli, Peter.* – Niedernhausen 1985.
3. Blaudruckhandwerk in Ungarn / *Domokos, Otto.* – Budapest 1981.
4. Der Blaudruck / *Brachmann, M.; Reitz, G.* – Leipzig 1962.
5. Der Blaudruck in der slowakischen Volkskunst / *Vydra, Josef.* – Prag 1957.
6. Das Phänomen Farbe / *Gericke, Lothar; Schöne, Klaus.* – Berlin 1973.
7. Farbgestaltung / *Arnold, Wolfgang.* – Berlin 1985.
8. Pflanzen und Tiere / *Needon, Chr.; Petermann, J.; Scheffel, P.; Scheiba, B.* – Leipzig 1974.
9. Rohstoffpflanzen der Erde / Autorenkollektiv unter Leitung von *Prof. Dr. Günther Natho.* – Leipzig, Jena, Berlin 1986.
10. Die Ikattechnik in Aleppo / *Moser, R.-J.* – Basel 1974.
11. Uzbekskie abrovye tkani / *Machkamova, S.* – Taschkent 1963.
12. De inlandsche Kunstnijverheid in Nederlandsch Indie / *Jasper, J. E.; Pirngadie, M.* – 1916.
13. Die Batik-Technik und verwandte Verfahren / Hrsg. *Schule Reimann.* – Berlin, etwa 1920.
14. Stoffdruck und Batik / *Graupner, Helga.* – Leipzig 1961.
15. Batik-Arbeiten von Dölker-Röhn / Sonderausstellung im Grassimuseum Leipzig 1951.
16. Formen und Verbreitung eines Reserveverfahrens zur Musterung von Textilien / *Nabholz-Kartaschoff, Marie-Luise.* – Basel 1970/71.
17. Bildbatiken von Liane Schiller / Museum für Kunst und Kulturgeschichte der Hansestadt Lübeck. – Lübeck 1971.
18. Bildbatiken / Österreichisches Museum für angewandte Kunst Wien 1972.
19. Batik with Noel Dyrenforth / *Houston John.* – London 1975.
20. Vom Königspurpur zum Jeansblau / *Müller, Wolfgang; Pötsch, Winfried R.* – Leipzig, Jena, Berlin 1983.

Sachwortverzeichnis